ROBIN MÜLLER-SCHOBER

AF281685

Für Menschen mit körperlich anstrengender Arbeit

Sieben hilfreiche Maßnahmen für mehr Energie und Gesundheit ohne zusätzliche Anstrengung

ÜBER DEN AUTOR

Robin Müller-Schober ist ganzheitlicher Fitness- und Gesundheitscoach. Seit Beginn seiner Karriere im Jahr 2002, hat er Menschen aus allen Lebenslagen und Leistungsklassen betreuen dürfen. Als Fitnesstrainer auf einem Kreuzfahrtschiff, Sportbereichsleiter einer Multifunktions-Sportanlage, Unternehmensberater für gesundheitsfördernde Konzepte, gefragter Vortragsredner, Athletik- und Rehabilitationssporttrainer und als Eigentümer seines eigenen TrainingCenters hat Robin seine Branche umfassend kennengelernt und maßgeblich beeinflusst. Robin inspiriert, motiviert und bringt frischen Wind in die Segel seiner Sportler, Vortragsteilnehmer und Firmenkunden. Seine größte Freude ist es, sein Wissen auf einfache Art und Weise an diejenigen weiterzugeben, die ihre Gesundheit selbst in die Hand nehmen wollen.

Besonders möchte ich Pedro Nataniel für Cover und Textdesign erwähnen. Ein großer Dank geht an ihn, da er durch stundenlange Telefonate und viele Nächte vor dem Computer meine Vorstellungen und Ideen für dieses Buch digital umgesetzt hat.

Erstes Buch aus der Buchreihe:
MFG | Maßnahmen für Gesundheitsförderung

"Niemand entscheidet über seine Zukunft; man entscheidet über seine Gewohnheiten und diese entscheiden über die Zukunft."

Frederick Matthias Alexander

Bibliografische Information der Deutschen National-
bibliothek:
Die Deutsche Nationalbibliothek verzeichnet diese
Publikation in der Deutschen Nationalbibliografie;
detaillierte bibliografische Daten sind im Internet
über http://dnb.dnb.de abrufbar.
Die automatisierte Analyse des Werkes, um daraus
Informationen insbesondere über Muster, Trends und
Korrelationen gemäß §44b UrhG („Text und Data
Mining") zu gewinnen, ist untersagt.

© 2024 Robin Müller-Schober

Herstellung und Verlag:
BoD – Books on Demand, Norderstedt

ISBN: 978-3-758-3012-23

Inhaltsverzeichnis

Inhaltsverzeichnis

Bevor es losgeht

ICH HABE EINE MISSION

Meine Mission ist es, allen Menschen den Zugang zu Informationen zu ermöglichen, um ihre Gesundheit mit einfachen Maßnahmen zu optimieren. Mehr Kraft und Energie im Alltag sind keine Geheimnisse. Bereits kleine Veränderungen in die richtige Richtung können erstaunliche Ergebnisse erzielen. Es liegt in deinen Händen. Du bist der Gestalter deiner eigenen Gesundheit. Ich bin lediglich dein „Tritt in den Hintern".

DER WEG ZUM LESER

Das beste Buch bringt nichts, wenn es nicht den Weg zu seinen Lesern findet.

Ganz unabhängig davon, wie dieses Buch in deine Hände gelangt ist, wo es gerade liegt und von dir gelesen wird, möchte ich mich zunächst herzlich für dein Interesse bedanken. Nicht nur ich, als Autor, gebe den Lesern mit diesem kleinen Buch die große Möglichkeit zu mehr Energie und Gesundheit im Alltag, es bist vor allem du, als Leser, der dieses Buch an die Menschen weiterempfiehlt, die von seinem Inhalt profitieren können. Es bist du, der bei der Arbeit mit seinen Kollegen darüber spricht und dadurch diesem wichtigen Thema eine Gesprächsplattform gibt. Es bist du, der dadurch ein kleines bisschen die Welt verändern kann und somit an der Gesundheit unserer Gesellschaft beiträgt.

Eine jedoch mir sehr am Herzen liegende Möglichkeit, wie dieses Buch den Weg zu seinen Lesern finden kann, ist über deren Arbeitgeber. Jeder Arbeitgeber von körperlich hart arbeitenden Menschen hat mit diesem Buch die Möglichkeit, seinen Mitarbeitern einen sehr einfachen Zugang zu gesundheitsfördernden Informationen und Maßnahmen zu ermöglichen.

Bitte nehmen Sie direkt Kontakt mit mir auf, wenn Sie Ihren Mitarbeitern mit diesem Buch nicht nur eine Freude bereiten möchten, sondern auch ein Zeichen setzen wollen, dass Ihnen deren Gesundheit wichtig ist.

Info@ROBSTR.de

Das Buch soll dich inspirieren und motivieren. Du kannst es jederzeit aus dem Schrank ziehen und darin blättern. Ich würde mich auch sehr freuen, wenn dieses Buch bei dir auf der Arbeit im Pausenraum liegt oder auf deinem Schreibtisch und für jeden Kollegen jederzeit sichtbar ist. Dieses Buch soll dir nicht nur Tipps durch seinen Inhalt vermitteln, sondern auch für dich als Erinnerungsfunktion auf dieses wichtige Thema dienen. Mir ist es wichtig, meine Gedanken, Perspektiven und Ansichten an den Leser weiterzugeben, um verständlich zu machen, warum kleine Maßnahmen, beziehungsweise kleine Angewohnheiten, so wichtig für die Gesundheit sein können.

Ich bin mir sicher, dass der ausführliche Anfang des Buches stark dazu beitragen wird, dir eine erfolgreiche Umsetzung der Maßnahmen zu erleichtern.

DU BIST BÜRO-ATHLET

Du gehörst nicht zu den körperlich hart arbeitenden Menschen und bist eventuell ein Büro-Athlet oder einer der Desk-Jockeys dieser Welt? Wenn dein Tag hauptsächlich aus Sitzen und dem Starren auf Bildschirme besteht, bist du ebenfalls herzlich willkommen. Glückwunsch, dass dir dieses Buch in die Hände gefallen ist. Selbstverständlich kannst auch du alle hier in diesem Buch vorgeschlagenen Maßnahmen für dich ausprobieren. Klar doch! Sie werden dir mit Sicherheit sehr guttun.

EXKLUSIVER ONLINEBEREICH ZUM BUCH

Über die QR-Codes erhält jeder Leser einen exklusiven Zugang zum Onlinebereich der begleitenden Homepage zum Buch. Dieser Onlinebereich ist „Nicht-Öffentlich" und steht den Lesern des Buches zusätzlich, uneingeschränkt und jederzeit zur Verfügung.

www.ROBSTR.de/buch-fmmkaa-exklusiv

Dort findest du die im Buch beschriebenen Videos und viele weitere Texte, die ursprünglich für dieses Buch geplant und geschrieben worden sind, jedoch den Umfang des Buches unnötig vergrößert hätten. Es ist für jeden Autor eine schwere Entscheidung, schon geschriebene Texte wieder aus dem Buch zu entfernen. Der zusätzliche Onlinebereich bietet dem Autor und dem Leser eine geniale Möglichkeit, diese Texte trotzdem zu verwenden.

Die offizielle und öffentliche Homepage zum Buch erreichst du über diesen QR-Code.

HAFTUNGSAUSSCHLUSS

Bitte beachte, dass alle Inhalte in diesem Buch als Vorschläge anzusehen sind und nicht als medizinische Ratschläge. Alle Inhalte basieren auf persönlicher Erfahrung, Recherchen, Literatur, Studien sowie Fortbildungen. Sie beruhen auf Beobachtungen von Menschen, die diese neuen Angewohnheiten erfolgreich in ihren Alltag integrieren konnten. Bitte konsultiere gerne zuerst deinen Arzt oder Therapeuten, bevor du die Vorschläge aus diesem Buch umsetzt. Stelle immer sicher, dass du nichts tust, was dir schaden könnte. Es hat noch nie eine Pauschallösung für jeden Einzelnen von uns gegeben. Man muss verstehen, dass zum Beispiel eine Übung für eine Person der heilige Gral sein kann, während sie bei einer anderen Person einen Bandscheibenvorfall auslöst. Ein Vitamin kann für eine Person lebensrettend sein, während es für eine andere Person neutral ist.

Zu jedem Vorschlag in diesem Buch gibt es die aus meiner Sicht sinnvollsten Sicherheitshinweise. Dennoch können diese Hinweise keine fachliche Beratung durch einen Experten ersetzen.

Alle QR-Codes in diesem Buch verlinken entweder auf die begleitende Homepage zum Buch oder auf andere Anbieter. Ich schließe jegliche Haftung gegenüber diesen Drittanbietern aus. Es besteht die Möglichkeit, dass sie insolvent werden oder ihre Technologie nicht mehr funktioniert. In solchen Fällen kann ich keine Verantwortung übernehmen. Es ist grundsätzlich ratsam, die Datenschutzrichtlinien, Nutzungsbedingungen und Haftungsausschlüsse der Drittanbieter vor der Nutzung zu lesen.

Prolog

Notizen

Herr Neumann ist mein absoluter Lieblingsnachbar. Du kannst dir Herrn Neumann gerne vorstellen wie den Weihnachtsmann: Er ist ein älterer, korpulenter, netter und sympathischer Herr mit Bart und einem Lächeln in seinem Gesicht. Wenn man ihm im Haus begegnet, hat er immer ein nettes Wort oder einen Witz parat. Herr Neumann ist Rentner und lebt mittlerweile als Wittwer in seiner Dreizimmerwohnung im ersten Stock unseres Mehrparteienhauses.

Herr Neumann gehört zu den Menschen, die ihr Leben lang körperlich hart gearbeitet haben. Die Probleme aufgrund seiner körperlichen Überlastung begannen bereits während seiner beruflichen Laufbahn. Sein Alltag ist dementsprechend eingeschränkt und anstrengend. Es tut mir leid, ihn so mit seinen körperlichen Beschwerden zu sehen, da man vor vielen Jahren sehr gut hätte dagegensteuern können. Hätte er vor 10 oder 20 Jahren gewusst, was er tun könnte, um seine körperliche Belastung aus dem Beruf auszugleichen, würde er heute ganz sicher besser dastehen.

Warum hat er nicht dagegengesteuert?

Das hat sicherlich viele Gründe. Ein Grund davon ist, dass er sich nie wirklich mit seiner körperlichen Gesundheit beschäftigt hat. Sie war einfach nie ein wichtiges Thema in seinem Leben und in seinem Umfeld. Niemand um ihn herum hat sich damit so intensiv befasst, sodass es auf ihn hätte „überschwappen" können. Er hatte also keinen Kontakt zu solchen Informationen.

Herr Neumann ist vor einigen Jahren völlig allein in seiner Wohnung gestürzt. Er war nicht fähig, aus eigener Kraft aufzustehen oder das Telefon zu erreichen. So drastisch das ist: Herr Neumann ist aufgrund dessen leider gestorben. Er ist gestorben, weil er nicht fähig war, aus eigener Kraft vom Boden aufstehen zu können. Ich traue ihm zu, dass er die Kraft dazu gehabt hätte, aber er war einfach so unbeweglich, dass er seine Kraft nicht ausreichend einsetzen konnte.

Leider ist Herr Neumann kein Einzelfall. Jeden Tag sterben Menschen auf diese Art und Weise. Und zwar viel zu viele! Fragt man Ersthilfe-Einsatzkräfte, wie oft sie Personen in solch einer traurigen Situation auffinden und retten müssen, würde man es kaum glauben. Das ist auch einer der Hauptgründe, warum ältere Menschen in ein betreutes Wohnen umziehen müssen oder einen Notfallknopf am Handgelenk tragen. Sie sind nicht mehr in der Lage aus eigener Kraft und ohne fremde Hilfe vom Boden aufzustehen. Aus und vorbei. Wenn sie stürzen, kann es ihr Todesurteil sein.

Hätte Herr Neumann sich vor 20 Jahren mit den Informationen aus diesem Buch beschäftigt, wäre er in dieser Situation sicherlich nicht so hilflos gewesen und nicht auf diese Weise verstorben. Ich würde mich sehr freuen, wenn ich durch dieses Buch beitragen kann, dass solche Vorfälle weniger vorkommen und Menschen erst gar nicht in solch eine Situation geraten.

EINLEITUNG

Im Grunde genommen gibt es nichts, was ich nutzen oder anwenden könnte, ohne diese fleißigen Menschen und deren täglicher Arbeit, für die dieses Buch geschrieben ist.

- Ich könnte den Laptop, auf dem ich diese Zeilen gerade schreibe, nicht verwenden.

- Ich könnte nicht auf meinem gemütlichen Stuhl sitzen, auf dem ich gerade sitze.
- Ich könnte die Buchstaben auf dem Bildschirm, ohne meine Brille, nicht erkennen.
- Ich könnte nicht auf meinem Balkon sitzen, geschweige denn in meiner Wohnung wohnen.
- Ich könnte nicht in mein Auto steigen und auf asphaltierten Straßen fahren.
- Ich könnte mein Handy nicht benutzen oder es in irgendwelche Netze einwählen.
- Ich könnte nicht die Kleider anziehen, die ich gerade trage.

Blicke ruhig für einen Moment über die Seiten des Buches hinaus und schaue in deine direkte Umgebung. Alles, wirklich alles, was du siehst und von Menschenhand geschaffen wurde, kannst du nur sehen, weil es diese Menschen gibt. Sie haben es mit ihrer Hände Arbeit erschaffen.

Ohne diese Menschen, die unaufhörlich diese lebensnotwendige "Infrastruktur" um uns herum erschaffen und instandhalten, könnte ich so gut wie gar nichts. Ich wäre nackt, obdachlos und meine einzige Aufgabe wäre es, ums tägliche Überleben zu kämpfen.

Wir alle brauchen diese Menschen, um auch nur die selbstverständlichsten Dinge im Alltag tun zu können. Ohne sie kann unsere Gesellschaft nicht funktionieren. Jedoch sind diese Menschen für uns so gut wie unsichtbar. Es ist eine absolute Selbstverständlichkeit für uns, das Handy zu benutzen, auf einem Stuhl zu sitzen, das Auto auf asphaltierten Straßen zu fahren oder Kleider zu tragen. Doch diese Selbstverständlichkeit würde es ohne sie überhaupt nicht geben. Denn ohne sie, würde es weder Kleider, Straßen noch sonst etwas geben.

Letztendlich ist niemand von uns "funktionstüchtig" ohne diese "unsichtbaren" Menschen.

Dieses Buch ist für sie.

Danke.

KEIN ROBOTER WIRD DIR SO SCHNELL EINEN HEIZKÖRPER AN DIE WAND SCHRAUBEN

Die Welt funktioniert nicht nur aufgrund von Sitzungen oder Online-Meetings im Homeoffice und Schlafanzug. Auch nicht nur durch hübsch animierte PowerPoint-Präsentationen mit endlosem bcc/ccc-E-Mail-Verkehr und enorm unverständlichen Excel-Tabellenverknüpfungen. Nein, ganz und gar nicht. Kein Roboter wird dir so schnell einen Heizkörper an die Wand schrauben. Kein Computer wird in naher Zukunft deine Möbel tragen oder die Waschmaschine reparieren, wenn sie mal kaputt ist. Damit die Welt um uns herum funktioniert, brauchen wir ganz sicher nicht nur die Menschen, die mit einem Cappuccino im WorkSpace-Kaffeehaus sitzen und auf ihren Laptops rumtippen. Nein, damit diese Welt funktioniert, brauchen wir vor allem die Menschen, die anpacken. Die Menschen, deren Arbeit nicht so schnell von Robotern, Computern oder künstlicher Intelligenz ersetzt werden kann. Wir brauchen die Menschen, die durch ihre tägliche, körperlich harte Arbeit die Grundstrukturen unserer Gesellschaft aufbauen und instandhalten. Ohne diese Menschen könnte niemand eine E-Mail schreiben, ein Mobiltelefon bedienen, in einem Kaffeehaus sitzen oder auch nur ein Glas in der Hand halten. All das muss erst von jemandem produziert, gebaut und geliefert werden.

Dieses Buch ist für die Menschen geschrieben, die auf den Baustellen unsere Häuser und Wohnungen bauen und die bei Wind und Wetter unsere Dächer decken. Es ist für diejenigen, die unsere Angehörigen in Pflegeheimen und Krankenhäusern betreuen. Es ist für die Menschen, die unsere Konsumgüter an den Förder- und Produktionsbändern zusammenstellen, sie anschließend sortieren und bis vor unsere Haustür liefern. Es ist für all diejenigen, die täglich tausende von Schritten zurücklegen müssen, um Gäste zu bedienen, Gebäude zu reinigen oder um unsere Felder zu bestellen.

Dieses Buch ist für diejenigen geschrieben, die nach einem körperlich anstrengenden Arbeitstag keinerlei Motivation mehr verspüren, sich noch irgendwelchen weiteren strapaziösen Aktivitäten hinzugeben.

Ich bin mir absolut sicher, dass diese Menschen sich bewusst sind, dass ihre tägliche körperliche Belastung zu gesundheitlichen Problemen führen wird. Mit großer Sicherheit leiden sie bereits unter Schmerzen oder auch anderen Problemen aufgrund dieser Belastung. Sie leiden zum Beispiel unter Rücken-, Hüft- oder Knieproblemen, wodurch manche Bewegungen nur noch schmerzhaft oder gar nicht mehr ausgeführt werden können. Die körperlichen Beschwerden und Einschränkungen sind sehr zahlreich und vielfältig. Vor allem nagen diese körperlichen Probleme zusätzlich mit der Zeit auch immer mehr an der Psyche. Wenn der Körper nicht mehr funktioniert, wie soll man dann noch sein Geld verdienen können? Leider gehören sie auch viel zu oft zu den Menschen, die selten von Gesundheitsmaßnahmen am Arbeitsplatz profitieren können. Auch sind sie aufgrund ihrer Arbeitsbelastung und ihren Arbeitszeiten oft nicht kompatibel mit regulären Fitnessangeboten. Selbst die Präventions- und

Rehabilitationssportangebote von den lokalen Vereinen fallen oft raus. Genauso die vom eigenen Arbeitgeber angebotenen Betriebssportangebote passen oft nicht in ihren Tagesablauf. Dennoch sind sie es, die diese Angebote am dringendsten nötig hätten.

Dieses Buch soll dir alltagstaugliche Hilfe sowie Tipps und Tricks geben, um diese Situation zu ändern. Es soll dir zeigen, wie du ohne große körperliche Anstrengung, ohne kostspielige Hilfsmittel und ohne hohen Zeitaufwand dennoch etwas für deine Gesundheit tun kannst. Etwas, das deine körperliche Arbeitsbelastung ausgleicht und dir mehr Energie verleiht.

Genau deswegen ist dieses Buch auch für Arbeitgeber geschrieben, die Menschen in solchen körperlich anstrengenden Berufen beschäftigen. Sie können mit diesem Buch ihren Mitarbeitern nicht nur eine Freude bereiten, sondern ihnen auch einen guten Zugang zu dem wichtigen Thema „Gesundheit" ermöglichen.

Meine Absicht ist es, Interesse für die eigene Gesundheit zu wecken. Ich will dich motivieren anzufangen, zu experimentieren, zu testen und auszuprobieren. Nur so wirst du herausfinden, welche der folgenden Maßnahmen für dich funktioniert und welche eher weniger.

SCHREIBE „PROFI" DAVOR

Es gibt Menschen, die in ihrer Freizeit körperlich sehr hart arbeiten. Sie bauen zum Beispiel ihre eigenen Häuser, renovieren ihre Wohnungen selbst, arbeiten in ihren Gärten und weil es ihnen so viel Freude bereitet, helfen sie auch noch ihren Freunden und Bekannten dabei. Dann gibt es aber auch Menschen, die in ihrer Freizeit Fußball oder Tennis spielen, joggen gehen oder auf einer Rennstrecke fahren. Man kann sich seine Freizeit mit vielen tollen Aktivitäten gestalten. Sobald aber jemand Fußball oder Tennis zu seinem Beruf macht, ist er auf einmal kein Fußballer mehr, sondern dann ist er ab sofort ein "Profi-Fußballer". Das klingt zwar cool, bedeutet aber eigentlich nur so viel, dass er nun mit dem Fußballspielen sein Geld verdient. Nicht mehr und nicht weniger.

Man würde aber nie auf die Idee kommen, zum Beispiel bei dem Beruf "Bauarbeiter", das Wort "Profi" davor zu schreiben. Niemand sagt "Profi-Bauarbeiter". Niemand sagt "Profi-Handwerker", niemand sagt "Profi-Krankenschwester" und so weiter. Allein schon die Bezeichnung "Profi-Fußballer" bewirkt ein anderes Verhalten im (ehemaligen Freizeit-) Sportler. Denn ein Profi-Fußballer muss natürlich viel mehr Dinge berücksichtigen als ein Freizeitkicker. Schließlich verdient er sein Geld damit.

Ich stelle mir seine Gedankengänge ungefähr so vor:

Da ich jetzt Profifußballer bin, muss ich ...

- ...auf meine Ernährung achten, ich kann nicht mehr am Wochenende exzessiv feiern gehen.
- ...auf meine Erholung achten, ich kann nicht mehr jeden Abend bis in die Nacht Computerspiele zocken oder fernsehen.
- ...darauf achten, dass ich mich fit halte, um meinen Beruf optimal und so lange wie möglich ausüben zu können.
- ...im Kopf klar, konzentriert und fokussiert bleiben können. Ich muss an meiner mentalen Stärke arbeiten.

- ...immer nach guten Trainern und Coaches Ausschau halten, die mich unterrichten, verbessern und ihre Erfahrung an mich weitergeben.

Für mich sind Krankenschwestern, Handwerker oder Lageristen aber auch Profis. Profis in ihrem Beruf!

Ein Perspektivenwechsel, den ich dir gerne mitgeben möchte, ist der, dass du dich ab sofort als PROFI in deinem Beruf betiteln darfst. Denn auch du bist ein Profi!

Ich behaupte sogar, dass viele hart arbeitende Menschen teilweise einer wesentlich höheren körperlichen Belastung ausgesetzt sind als so mancher Profisportler. Manche von ihnen müssen ihren Körper täglich mehr herausfordern als ein Profisportler im Training. Du musst wissen, dass ein riesengroßer Teil eines Profisportleralltags aus Regenerationsmaßnahmen besteht. Das bedeutet, dass mancher Profisportler sich körperlich nicht nur schonender belastet als ein körperlich hart arbeitender Mensch, sondern auch noch viel mehr Wert auf die Erholung seiner Belastung legt. Nur dadurch kann er langfristig Leistung erbringen, seltener krank und verletzt sein, sowie dauerhaft Energie haben. Der Grund dafür ist einfach: Der menschliche Körper verbessert sich hauptsächlich in der Erholungsphase! Nicht im Training.

Erholung bedeutet jedoch nicht nur, am Strand zu liegen und nichts zu tun. Nein, Erholung und Regeneration sollten vor allem aktiv gestaltet werden. Der menschliche Körper verbessert sich immer nur während der Regenerationsmaßnahmen. Nicht während dem Training. Im Training "schädigt" man seinen Körper und gibt ihm dadurch das Signal, dass er sich verbessern soll. Diese Verbesserung findet jedoch nur in der Erholungsphase statt.

Kurz: Keine Erholung - keine Verbesserung! Würde man immer nur trainieren oder arbeiten, ohne auf die Regeneration zu achten, führt das zu Burnout, Schmerzen, Verletzungen, Krankheiten, sowie zu körperlicher und mentaler Erschöpfung und vielem mehr. Und genau so ergeht es einigen Menschen, für die dieses Buch geschrieben ist. Sie sind täglich einer hohen körperlichen Belastung ausgesetzt, achten jedoch wenig auf Maßnahmen zur optimalen Regeneration.

WER SCHREIBT DIESES BUCH

Mein Name ist Robin und während ich diese Zeilen schreibe, sitze ich hier auf meinem Balkon in Stuttgart und genieße seit mehreren Jahren den wundervollen Ausblick auf eine Großbaustelle. Um mich herum wurden in den letzten sieben Jahren zahlreiche große Wohnblöcke und ganze Wohnsiedlungen hochgezogen, die für hunderte von Menschen und deren Fahrzeuge Wohnraum und Parkplätze schaffen. Im Moment lausche ich den lieblichen Geräuschen eines Baggers, dem Hämmern der Gerüstbauer, den Motoren der Lastwagen, sowie den kreischenden Sägeblättern der Kreissägen. Ich bewundere die Menschen, die dort arbeiten! Jeden Tag kommen sie auf diese Baustelle und arbeiten von morgens bis abends sehr hart. Egal, ob es regnet, schneit oder wie in den letzten Tagen, bis zu plus 35 Grad Celsius und mehr hat. Sie alle haben meine größte Hochachtung für ihre körperliche Leistung, um diesen Job jeden Tag zu erledigen.

Mein Beruf ist Fitness- und Gesundheitscoach. Selbstverständlich achte ich darauf, dass auch ich selbst regelmäßig Sport treibe, um mich in Form zu halten. Mein Ziel ist es, mich gesund und fit in meinem Körper zu fühlen. Der Beruf allein macht das nicht. Auch ich muss mir die Zeit aus den Rippen schnitzen, um meine eigenen Trainingseinheiten zu absolvieren.

Ich möchte den Menschen zeigen, dass es sehr einfach sein kann, sich einigermaßen gesund und fit zu halten, indem man nur ein paar Kleinigkeiten berücksichtigt. Ein paar wenige Angewohnheiten können bereits sehr viel bewirken.

Wir machen es uns heutzutage in fast allen Bereichen viel zu oft unnötig kompliziert. Bewertet man ein Thema als zu komplex, ist das schon die erste Hürde, es überhaupt anzugehen. Daran sollst du nicht scheitern. Dieses Buch soll dir über diese erste Hürde hinweghelfen.

Vor kurzem hatte ich ein Erlebnis, welches mir wieder einmal die Realität eines hart körperlich arbeitenden Menschen vor Augen geführt hat. Ich durfte einem guten Freund dabei helfen eine Terrasse zu renovieren. Wir haben den alten Holzboden der Terrasse komplett entfernt, eine neue Unterkonstruktion gebaut und die neuen Holzlatten darauf befestigt. Nach ungefähr acht Stunden sägen, tragen, schrauben, nachjustieren und einer Menge Spaß, waren wir mit der Terrasse fertig. Ich behaupte, diese Arbeit war körperlich nur moderat anstrengend.

Als ich am Abend wieder zu Hause war, stellte ich mir folgende Fragen:

- Wie groß wäre meine Motivation jetzt noch Sport zu treiben?
- Wie gerne würde ich jetzt noch körperlich aktiv werden, um die Arbeitsbelastung vom heutigen Tag auszugleichen?

Meine Antwort: Nullkommanull! In Zahlen: 0,00000!

Und das ist nun mal die Realität. Es mag auch Ausnahmen geben, die die Regel bestätigen, aber ich denke, dass sehr viele Menschen in dieser Situation die gleiche Antwort wie ich haben. Körperlich hart arbeitende Menschen kommen nach ihrem Arbeitstag nach Hause und wollen ihren Feierabend. Fertig! Sie wollen sich ausruhen, sich für den harten Tag belohnen und einfach nur abschalten. Da können noch so viele sehr gut gemeinte Ratschläge von irgendwelchen hochqualifizierten Experten oder Medizinern kommen. Diese Ratschläge sind oft zu weit von der Realität entfernt. In den letzten 20 Jahren als Gesundheitscoach habe ich viel Erfahrung gesammelt. Eine meiner Hauptaufgaben ist das "Betriebliche Gesundheitsmanagement", kurz BGM. Das bedeutet, dass ich Konzepte für betriebliche Gesundheitsförderung entwickle, die Unternehmen nutzen können, um ihren Mitarbeitern Möglichkeiten zur Erhaltung von Gesundheit und Fitness anzubieten. Das können unter anderem Vorträge sein, Info- und Gesundheitstage, regelmäßige Bewegungseinheiten in der Firma oder digitale Angebote. Mir ist also diese Tätigkeit sehr vertraut. Ich kenne die Probleme in den Firmen, solche Konzepte für alle Mitarbeiter fair umzusetzen. Besonders wenn eine Firma viele Mitarbeiter in der Produktion und in der Verwaltung hat. Oft läuft es darauf hinaus, dass die Mitarbeiter in der Produktion nicht im Fokus der BGM-Maßnahmen stehen und es kein passendes Angebot in der Firma gibt, das von diesen Mitarbeitern angenommen werden könnte. Warum das so ist, hat zahlreiche Gründe und sollte nicht gleich auf den Unwillen des Arbeitgebers oder des Arbeitnehmers geschoben werden. Oft mangelt es nur am Zugang zum Thema. Das Interesse wäre schon da, aber irgendwie kommt kein Kontakt zustande. Das hängt unter anderem

damit zusammen, dass die Betriebe sich schwertun, die BGM-Angebote bei allen Mitarbeitern gleich stark auf dem
Radar zu halten. Selbst das beste BGM-Angebot in der Firma bringt nicht viel, wenn nur die wenigsten Mitarbeiter davon wissen. Auch sollte klar sein, dass ich mit den Mitarbeitern, welche die körperlich anstrengenden Jobs in der Firma machen, anders kommunizieren muss als mit denen, die den ganzen Tag vor den Laptops sitzen.

Ich möchte einen großen Teil meiner Erfahrung in diesem Buch auf ein paar wenige aber sehr wichtige Tipps herunterbrechen, die genau diesen körperlich hart arbeitenden Menschen zugutekommen sollen. Sie sollen für den Leser verständlich und leicht in den Alltag integrierbar sein. Eine meiner Lieblingsphilosophien lautet: "Keep it simple". Mache die Dinge nicht komplizierter, als sie sind.

WARUM BRINGE ICH NICHT NOCH MEHR ARGUMENTE

Wenn jemand etwas nicht tun möchte, wird er immer Ausreden finden, warum er es nicht tun will. Oft sind es Ausreden in der Form von *"Gib mir noch mehr Beweise, damit du mich überzeugen kannst"*. Oder „*Gib mir noch mehr Studien und Wissenschaftlermeinungen, damit ich dir glaube"*.

„*Gib mir noch mehr Beweise"* heißt übersetzt: „*Ich will nicht"*.

Deshalb könnte man so einer Person endlos Argument für Argument auflisten. Es würde trotzdem immer genau der eine, weitere Beweis fehlen, der scheinbar noch nötig wäre, um diese Person zu überzeugen. Richtig?

Und ob du es glaubst oder nicht, es ist völlig egal ob du mir glaubst oder nicht. Denn wenn du glaubst meiner Meinung zu sein, wirst du es eben nur glauben aber nicht wissen. Wenn du glaubst, nicht meiner Meinung zu sein, wirst du es auch nur glauben aber nicht wissen. Glaube daran bringt dir nichts. Wissen wirst du es erst, wenn du es selbst ausprobierst. Dann brauchst du auch nicht mehr daran zu glauben, dann weißt du es. Ganz unabhängig zu welchem Ergebnis du dabei kommst. Deine eigene Wahrheit kannst du nur auf diesem Wege herausfinden.

Ziel meiner Argumentation ist es, im Leser einen Funken zu entzünden und Interesse für seine eigene Gesundheit zu wecken.

DIE ZIGARETTENPAUSE UND DIE GESELLSCHAFTLICHE AKZEPTANZ

Obwohl man bis zum Anschlag in Arbeit steckt, findet man immer die Möglichkeit für eine Zigarettenpause. Wenn der Kollege kurz eine rauchen geht, ist das schon in Ordnung. Die Zigarettenpause hat eine grundlegende Akzeptanz in unserer Gesellschaft erreicht. Diese Art der kurzen Pause ist akzeptiert. Es gibt sogar Firmen, die auf ihrem Firmengelände richtig große Glaskonstruktionen, beziehungsweise moderne Unterstellmöglichkeiten für Raucher aufstellen. Alle Raucher haben ein Recht darauf, ihre Zigarette rauchen zu dürfen, ohne im Regen nass zu werden. Und ja, diese Konstruktionen sind richtig teuer. Da wird ordentlich Kohle dafür ausgegeben.

Aber welches Gefühl würde in dir aufsteigen, wenn dein Kollege mitten in der Arbeit auf einmal folgendes zu dir sagen würde?

"Du, ich werde für zwei Minuten etwas dehnen und mobilisieren und dann noch für 60 Sekunden eine Atemübung machen."

Sei ehrlich. Was würdest du denken? Wie würdest du auf diese Aussage reagieren? Na klar, du würdest wahrscheinlich folgendes denken: *"Was geht ab, Alter? Du kannst doch jetzt nicht so einen Blödsinn machen, wir haben viel zu viel zu tun."*

Fazit: Diese andere Art der kurzen Pause ist definitiv nicht in der Gesellschaft akzeptiert.

Das darfst du dir gerne auf der Zunge zergehen lassen. Etwas, von dem jeder mittlerweile weiß, dass es der Gesundheit schadet – nämlich das Rauchen einer Zigarette – ist in der Gesellschaft absolut akzeptiert. Jedoch etwas, von dem mittlerweile auch jeder weiß, dass es die Gesundheit fördern kann – nämlich das Dehnen, Mobilisieren und Atmen – ist nicht in der Gesellschaft akzeptiert.

Lese die letzten zwei Sätze am besten gleich nochmal. Das ist schon der Hammer!

Ich werde später im Buch noch auf den "Zusammenhang", den Kontext, in dem sich eine Situation befindet, zu sprechen kommen. In diesem Beispiel wäre das wie folgt zu verstehen. Wir sind es gewohnt und haben uns den Zusammenhang angeeignet, dass eine kurze Zigarettenpause während der Arbeit normal ist. Wir sind es jedoch nicht gewohnt und haben uns deswegen auch nicht den Zusammenhang angeeignet, während der Arbeit eine kurze Pause zum Beispiel für Dehnungs-, Mobilisierungs- oder Atemübungen zu machen.

Falls jetzt jemand behaupten sollte, dass solche gymnastischen Übungen nichts mit der Arbeit zu tun haben und dort nicht hingehören, dann sollte man sich aber auch Folgendes fragen: Was hat das Rauchen einer Zigarette mit der Arbeit zu tun?

Wir wollen aber nicht durch *„Wenn die dürfen, dann darf ich auch"* überzeugen, sondern eher durch den Einsatz von normalem Menschenverständnis und die daraus resultierende Akzeptanz. Kompromisse sind OK. Wenn du zu denen gehörst, die hin und wieder mal am Tag eine Zigarettenpause machen, hey, gewöhne dir dabei doch einfach an, die ein oder andere sanfte Dehnposition einzunehmen. Ich hätte sogar schon einen konkreten Vorschlag. Wie wäre es mit der Tiefen-Kniebeuge-Position beim Rauchen? Wie diese Position aussieht, erfährst du in einer der folgenden Maßnahmen hier im Buch.

WARUM PUTZT DU DIR TÄGLICH MEHRMALS DIE ZÄHNE

Du wirst in diesem Buch Maßnahmen kennenlernen, die dir auf den ersten Blick wahrscheinlich viel zu einfach und vielleicht auch lächerlich vorkommen werden. Eventuell werden sie dir, im Einzelnen betrachtet, sogar nutzlos erscheinen. Du musst wissen, der Mensch handelt und funktioniert zu einem sehr großen Teil in Form von Angewohnheiten. Das sind automatisierte Abläufe, die wir ohne darüber nachzudenken durchführen. Wie zum Beispiel Gedankengänge, unseren Sprachgebrauch, Gesichtsausdrücke, Körpersprache und fast alle Bewegungsabläufe.

Die Aufnahme einer Angewohnheit lässt sich vereinfacht so erklären.

1. Erst lernen wir die (zukünftige) Angewohnheit kennen.

2. Dann erlernen wir sie.
3. Dann wiederholen wir sie so oft, dass sie nach einer bestimmten Zeit völlig automatisch und ohne darüber nachzudenken abläuft.

Wer denkt den zum Beispiel noch darüber nach, wie man beim Gehen das rechte Bein vor das linke Bein setzt? Trotzdem gab es mal eine Zeit in unserem Leben, als dieser Prozess ein großes Problem darstellte. Auch Autofahren ist fast komplett von uns automatisiert. Wie oft denkst du darüber nach, dass du bei der nächsten Kurve auch das Lenkrad in diese Richtung bewegen musst. Das machst du völlig automatisch.

Das Zitat von Frederick M. Alexander habt ihr schon kennengelernt.

„Die Menschen entscheiden nicht über ihre Zukunft. Die Menschen entscheiden über ihre Angewohnheiten, und ihre Angewohnheiten entscheiden über ihre Zukunft."

Machen wir ein Beispiel.

Warum hast du dir heute Morgen die Zähne geputzt und wirst es höchstwahrscheinlich heute Abend nochmal tun?

Lass uns mal für einen Moment genauer über das Zähneputzen nachdenken. Uns ist allen klar, dass es auf ein einziges Mal Zähneputzen in unserer gesamten Zahnhygiene nicht ankommen würde. Einmaliges Zähneputzen macht keinen großen Unterschied. Richtig? Ich bin mir sehr sicher, dass jeder von uns aus genau diesem Grund das Zähneputzen schon mal vernachlässigt hat. Du führst demnach sehr regelmäßig eine Tätigkeit (Zähneputzen) durch, von der dir bewusst ist, dass sie im Einzelnen nicht viel bringt.

Warum tust du sie trotzdem?

Weil dir auch völlig klar ist, dass du trotz dieser Einsicht, dennoch dem regelmäßigen Prozess des Zähneputzens vertraust, um beim nächsten Zahnarztbesuch ein wesentlich besseres Erlebnis und Ergebnis zu haben. Für eine bessere Zahn- und Mundhygiene vertraust du somit dem regelmäßigen Prozess einer Tätigkeit, die im Einzelnen nicht viel bringt.

Das Zähneputzen ist auch ein sehr gutes Beispiel, wie tief so eine Angewohnheit in uns verfestigt sein kann. Jeder von uns hat ein schlechtes Gewissen, wenn er es mal ausfallen lässt. Die Angewohnheit ist jedoch so stark, dass du mit ziemlicher Sicherheit am nächsten Tag wieder mit dem Zähneputzen anfängst. Wir haben es von Kind auf gelernt und seitdem jeden Tag mehrmals wiederholt. Zigtausende Male! Was mir immer wieder durch den Kopf geht, ist die Überlegung, wie es wohl wäre, wenn unsere Eltern bei jedem Zähneputzen auch 10 Liegestütze von uns Kindern verlangt hätten?!

Das Prinzip „Zähneputzen" kannst du auf alle Maßnahmen übertragen, die du hier im Buch kennenlernen wirst. Im Einzelnen betrachtet scheinen sie nichts zu bringen, sehen zu einfach und teilweise lächerlich aus. Aber wenn du aus ihnen eine regelmäßige Angewohnheit machst, werden sie deine Zukunft bestimmen.

Achtung, dir muss absolut bewusst sein: Deine Zukunft kannst du immer nur JETZT bestimmen.

Wie meine ich das?

Du hast immer nur den jetzigen Moment zu deiner Verfügung. Nur in diesem jetzigen Moment kannst du handeln (zum Beispiel Zähneputzen). Du hast keinerlei Kontrolle über das, was in der Zukunft passieren wird, noch kannst du die Vergangenheit ändern. Zukunft und Vergangenheit sind nur Gedanken in deinem Kopf. Nur der jetzige Moment ist real. Nur das, was du im jetzigen Moment tust (was höchstwahrscheinlich eine Angewohnheit ist), bestimmt deine Zukunft.

Man muss wirklich kein Hellseher sein, um zu erkennen, dass alles oben Beschriebene natürlich genial für positive Angewohnheiten ist. Angewohnheiten, die sich gesundheitsfördernd auf dich und deine Zukunft auswirken werden. Aber Vorsicht! Gleiches gilt auch für alle schlechten Angewohnheiten. Angewohnheiten, die sich negativ auf dich und deine Zukunft auswirken werden! Genau sie sind es nämlich, die uns krank machen. Erinnere dich: Du bestimmst nicht deine Zukunft. Aber du bestimmst deine Angewohnheiten und diese bestimmen deine Zukunft.

Folgenden Gedanken zu schlechten Angewohnheiten will ich dir noch kurz mitgeben. Ist es nicht interessant, dass wir negative Angewohnheiten bei anderen Menschen sehr leicht feststellen, aber vor unseren eigenen negativen Angewohnheiten die Augen verschließen? Ist es nicht so? Mit dieser Einsicht solltest du mal deine Perspektive wechseln. Stelle dir vor, du bist eine andere Person. Eine Person, die dich beobachtet. Was würde diese Person an schlechten Angewohnheiten an dir feststellen?

TIPPS ZUR UMSETZUNG DER MASSNAHMEN

Mittlerweile ist man sich ziemlich einig, dass die Aufnahme von neuen Angewohnheiten nur über das sanfte „Einschleichen" von kleinen und absolut machbaren Schritten funktioniert. Wichtig ist, die einfache Umsetzbarkeit und vor allem die regelmäßige Ausführung dieser kleinen Schritte. Das große Geheimnis besteht darin, die Maßnahme (die zukünftige neue Angewohnheit) in kleine und machbare Teile zu zerlegen und sie in leicht umsetzbare Schritte aufzuteilen, damit die Regelmäßigkeit dir mühelos von der Hand geht.

Auch wenn dir mehrere Maßnahmen in diesem Buch gefallen sollten, es ist sinnvoll nur mit einer von ihnen anzufangen und diese in Teilstücke zu zerlegen. Denke bitte daran, je kleiner und machbarer der Schritt, desto einfacher fällt dir die regelmäßige Umsetzung. Diese Phase ist wirklich eine kritische Phase in der Angewöhnung neuer Maßnahmen. Sei hier jetzt ganz schlau und versuche nicht in alte Verhaltensmuster zu verfallen, welche bis jetzt schlecht funktioniert haben. Zwinge dich in kleinen Schritten voranzugehen. Die Chance, dass du mit dieser Vorgehensweise eine Maßnahme in dein Leben erfolgreich integrieren wirst, ist wesentlich höher, als wenn du gleich mit mehreren oder zu komplexen Maßnahmen gleichzeitig anfängst.

Klar, man würde am liebsten gleich alles auf einmal machen und hätte gerne am nächsten Tag die Ergebnisse. Du brauchst aber die Zeit als deine Mitstreiterin, um eine neue Angewohnheit in dein Leben erfolgreich zu integrieren. Ohne sie, wird es nicht funktionieren. Nur durch das mehrmalige Wiederholen, dass einige Zeit benötigt, wird es zu einer Angewohnheit. Die Zeit ist also auf deiner Seite, sie ist deine Verbündete. Vertraue dem Prozess. Denke immer wieder an das Zähneputzen.

Sei dir aber auch jetzt schon bewusst, dass selbst wenn du eine Maßnahme erfolgreich in dein Leben integriert hast, du immer wieder aus dem Rhythmus kommen wirst. Zum Beispiel weil du im Urlaub bist, krank warst oder ein Wochenende gefeiert hast. Viele Ereignisse können dich aus dem Rhythmus bringen. Das ist völlig normal und menschlich. Das Einzige, was hilft, ist der sofortige Wiedereinstieg. Jeder bewusst umgesetzte Wiedereinstieg macht dich mental stärker. Ein Gefühl, dass jeder erleben sollte.

Eine weitere gute Hilfe ist, Mitstreiter für sein Vorhaben zu finden. Denk dich mal durch deinen Freundes- und Verwandtenkreis durch. Oder klick dich durch deine Kontakteliste auf dem Handy. Wer könnte bei so etwas mit dabei sein? Besprecht miteinander, was ihr vorhabt und wie ihr euch gegenseitig dabei unterstützen wollt. Tretet euch gegenseitig auf die Füße. Jeden Tag. Mal hakt der eine nach, mal der andere. Formt ein Team. Das kann sogar in Form eines "freundschaftlichen Vertrages" gemacht werden. Das bedeutet, dass ihr euch zusammensetzt und vereinbart, dass es eure freundschaftliche Aufgabe ist, euch über einen bestimmten Zeitraum gegenseitig daran zu erinnern und in den Hintern zu treten. Vielleicht ein paar Wochen, ein paar Monate oder sogar ein ganzes Jahr. Jeden Tag ist jemand dafür zuständig, den anderen daran zu erinnern. Meiner Erfahrung nach funktioniert es besser, wenn man das im Voraus ausmacht. Außerdem ist dieses ständige Erinnern eine Handlung aus Freundschaft. Gemeinsam seid ihr erstens stärker und zweitens wollt ihr damit etwas Positives erreichen.

Protokolle können auch helfen. Viele Menschen lassen sich über Zahlen motivieren. Sonst wären diese Schrittezähler nicht so populär. Man kann absolut stolz darauf sein, wenn man am Ende des Tages 10.000 Schritte auf dem Zähler stehen hat. Ganz klar! Wenn es dir hilft, führe ein Protokoll über die Durchführung deiner Maßnahme. Häng dir dazu zum Beispiel einen Kalender an die Wand oder nur ein leeres Blatt Papier, auf dem du deine ausgeführten Maßnahmen notierst. Es wird dich sicherlich mit Stolz erfüllen, wenn du am Ende des Monats siehst, dass du nur durch das eine Glas Wasser am Morgen deinen Körper mit über 20 Litern gesunder Flüssigkeit versorgt hast. Vielleicht motiviert es dich auch, diese Ansicht einfach nur umzudrehen. Stell dir vor, dass du anstatt 15 Liter ungesunder und chemischer Flüssigkeit (wie alle Softdrinks und Co.), deinen Körper mit 15 Litern gesundem Wasser versorgt hast. Du wirst erstaunt darüber sein, was du dir dabei erspart hast. Machen wir den Vergleich etwas konkreter und vergleichen einen Softdrink mit Wasser, wirst du mehr als überrascht sein.

15 Liter Eistee, Cola und Co. enthalten - und jetzt halte dich fest - circa 600 - ja genau, sechshundert! - Zuckerwürfel.

Fange an, über deine Maßnahme mit anderen zu reden. Bringe sie in deine Konversationen mit anderen aktiv mit ein. Du wirst dich gegenüber anderen Menschen erklären müssen und wollen. Das wird dir wiederum helfen, dich in deinem Tun zu stärken. Du kannst mit viel Gegenwind rechnen. Aber je mehr du dich selbst darin stärkst und deine Argumente diskutierst, desto wichtiger wird es für dich. Aber bitte beachte: Wenn Du Gegenwind von Leuten bekommst, die so etwas noch nie selbst ausprobiert haben, höre sie gerne an, aber nimm sie bitte nicht ernst. Trotzdem kann es eine gute Diskussion zur Übung sein. Es geht für dich nicht darum, im Recht zu sein und dieses auf Teufel komm raus zu verteidigen. Es geht für dich darum, deine eigene Wahrheit zu finden. Das, was für dich funktioniert. Und selbst wenn der Gegenwind von einer Person kommt, die es selbst schon ausprobiert hat und keine allzu großen Vorteile daraus ziehen konnte.

Das ist nicht deine Wahrheit. Deine eigene Wahrheit kannst du nur selbst für dich herausfinden. Niemand anders.

Los geht´s!

Maßnahme

Nummer Eins

Reduziere den Scheißdreck in deiner Ernährung

Notizen

Teile ab sofort alle Lebensmittel (flüssige und feste Nahrung) in zwei Kategorien ein:

> Kategorie 1: **Scheißdreck**
>
> Kategorie 2: **OK**

Versuche ab sofort so viele Lebensmittel wie möglich aus Kategorie 'OK' zu essen und zu trinken.

Nahrungsmittel aus Kategorie 'Scheißdreck' sollten von dir so stark wie möglich reduziert werden und auch (zumindest gedanklich) so bezeichnet werden.

NUR BRAD PITTS AUF DEN BAUSTELLEN

Bist du trotz der vielen Bewegung bei der Arbeit zu dick? Findest du deinen Bauch, deine Beine oder deinen Po zu fett? Fühlst du dich zu unbeweglich und träge? Was soll dann der ganze Scheiß mit dieser 10.000-Schritte-Regel? Es heißt doch immer, wenn jemand abnehmen will, muss er nur 10.000 Schritte am Tag gehen. Wenn diese populäre Regel stimmen würde, wäre jeder Bauarbeiter, jeder Postbote und jede Pflegekraft spindeldürr! Wir würden ausschließlich Brad-Pitt-Körper auf den Baustellen sehen, meine Postbotin hätte eine Bauchmuskulatur wie Bruce Lee und jede Pflegekraft hätte den Körper eines Ausdauersportlers. Denn 10.000 Schritte und mehr am Tag sind für Menschen in diesen Berufen mehr als selbstverständlich. Trotzdem sehen wir leider zahlreiche übergewichtige Menschen in diesen Berufen.

Schlussfolgerung:

1. Man kann sich viel Bewegen und trotzdem übergewichtig sein

2. Übergewicht kann somit nicht allein durch körperliche Bewegung in den Griff bekommen werden.

DIE KASSENBANDSTUDIE IM SUPERMARKT

Mein Beruf besteht darin, Menschen zu trainieren, sie fit zu machen und fit zu halten. Deshalb neige ich wohl auch sehr dazu, Menschen im Alltag zu beobachten. Zum Beispiel beim Einkaufen, auf der Straße oder in der U-Bahn. Ich beobachte, wie sie sich bewegen, ihre Körperhaltung und Körperstatur, wie sie beim Gehen ihre Füße abrollen, ob ihre Hüften Ausweichbewegungen machen, ob sie Bewegungen durch andere Bewegungen ausgleichen und so weiter. Gerne vergleiche ich mich in dieser Hinsicht mit einer Person, die zum Beispiel Häuser baut. Jemand, der Häuser baut, schaut sich sicherlich auch gerne andere Häuser an und überlegt, was er daran ändern würde oder was gut gemacht wurde und was er anders gemacht hätte. Wie bereits erwähnt, wohne ich seit vielen Jahren mit Blick auf eine Großbaustelle. Das bedeutet, dass ich täglich die Menschen beobachte, die auf den Baustellen ein- und ausgehen. Ich treffe diese Menschen im Supermarkt um die Ecke, wo sie sich ihre Vesper, ihr Mittagessen oder ihre Snacks holen. Die "Kassenbandstudie" betreibe ich schon immer. Ich nutze die Zeit in der Warteschlange an der Kasse, um zu beobachten, was auf dem Kassenband alles liegt. Dieser Anblick kann viel über die Person aussagen, die diese Artikel draufgelegt hat und sie bezahlt. Bezahlen muss, in mehrfacher Form! In etwa 90% der Fälle sehe ich bei meinen „Baustellenkumpels" ausschließlich Lebensmittel aus der Kategorie „Scheißdreck" auf dem Kassenband liegen. Sie nutzen also die Vesper-

und/oder Mittagspause, um sich mit diesem Mist vollzustopfen.

SCHEISSDRECK VS. OK

Keep it simple Ladies and Gentlemen. Denkt bei Lebensmitteln ab sofort nur noch in diesen zwei Kategorien und eure Ernährung wird sich ganz automatisch verbessern.

Kategorie 1: Scheißdreck

Kategorie 2: OK

GUTE UND SCHLECHTE NACHRICHT

Ich habe eine gute und eine schlechte Nachricht für dich. Lass mich mit der schlechten Nachricht beginnen. Genau jetzt, in dem Moment, in dem du diese Zeilen liest, stirbst du. Wir sterben in jeder Millisekunde des Tages und der Nacht, egal ob du wach bist oder schläfst. Wir sterben beim Aufstehen und beim Zubettgehen, wir sterben vor dem Computer und im Auto, wir sterben einfach überall und zu jeder Zeit. Ja, du hast richtig gelesen. Du stirbst gerade! Na jedenfalls ein bisschen. Damit meine ich, Hautschuppen fallen ab, Haare fallen aus, Abfallprodukte werden in deinem Körper abtransportiert und früher oder später ausgeschieden. Das ist ein Sterbeprozess! Körperzellen, die in deinem Körper gestern noch voll im Saft waren, dir Energie gegeben und dich am Leben erhalten haben, gibt es heute nicht mehr. Sie sind gestorben. Aber keine Panik. Ich möchte gleich die gute Nachricht hinterherschieben.

Genauso, wie dein Körper zu jeder Millisekunde einen „Sterbeprozess" durchläuft, produziert er aber auch ständig „Neugeburten". Das heißt, dein Körper ist so hochintelligent, dass er zu jeder Millisekunde neue Körperzellen aufbaut. Absoluter Wahnsinn! Das macht er einfach so, ohne, dass du bewusst etwas dazu beitragen musst. Das bedeutet so viel, dass dein Körper in einem ständigen "Sterbe-Geburts-Prozess" ist. Alte Zellen sterben ab, neue Zellen werden aufgebaut. Das kann einen schon mal zum Nachdenken anregen. Rein körperlich, also physisch betrachtet, bist du definitiv nicht mehr dieselbe Person, die du am Tag deiner Geburt warst. Denn die Körperzellen, aus denen dein Körper damals bestand, sind schon lange abgestorben.

HAUS AUS SCHEISSDRECK

Stell dir bitte einen Handwerker vor, der gerade ein Haus renoviert. Er reißt alte Wände ein, entfernt kaputte Installationen und baut alles wieder neu ein. Welche neuen Materialien würdest du an seiner Stelle verwenden, um das Haus zu renovieren? Den billigsten Schrott, den man für diesen Zweck finden kann? Oder würdest du versuchen, nur das bestmögliche Material dafür aufzutreiben?
Material, das das Haus stabil, sicher und langlebig macht.

Ich denke eher Letzteres, richtig?

Du würdest das bestmögliche Material auftreiben, um dein Haus neu aufzubauen. Stell dir mal vor, du würdest ein Haus bauen, das wirklich nur aus Baustoffen besteht, die absoluter Mist sind.

Was wäre das für ein Haus?

Undichte Fenster, morsche Balken, poröse Backsteine, bröckelnder Zement, wasserdurchlässige Wände und so weiter.

Wie würdest du dich in so einem Haus fühlen? Was würde es mit dir machen? Mit welchen Problemen müsstest du dich tagtäglich beschäftigen? Wie viel deiner kostbaren Zeit, Energie und auch deines Geldes würde dieses Haus weiterhin aufbrauchen?

KÖRPER AUS SCHEISSDRECK

Genauso wie bei diesem maroden Haus kannst du dir das auch mit deinem eigenen Körper vorstellen. Wir wissen mittlerweile, dein hochintelligenter Körper baut zu jeder Millisekunde neue Körperzellen auf. Aber aus was baut er diese neuen Körperzellen auf? Welches Material, welche Baustoffe verwendet dein Körper für diesen Zellaufbau? Mach es dir bitte nicht zu kompliziert. Natürlich kann dein Körper nur neue Zellen aus dem Material aufbauen, welches du oben zwischen deine Zähne schiebst und runterschluckst. So einfach ist das. Er baut nur aus dem Material neue Körperzellen auf, welches du isst und trinkst. Beziehungsweise, um ganz genau zu sein, aus dem, was du isst und trinkst und nicht gleich wieder aus-kackst. Das sind die Baustoffe deiner Körperzellen. Aus diesen Baustoffen besteht dein Körper. Und wenn du da oben nur Scheißdreck reinschiebst, dann wird dein Körper früher oder später auch nur aus Scheißdreck bestehen. Ende der Geschichte!

> *„Wer sich nur von Scheißdreck ernährt, kann auch nur aus Scheißdreck bestehen!"*
>
> Robin Müller-Schober

Ich denke niemand will so einen Körper haben.

Sollte es einen wirklich wundern, dass man kein starkes Immunsystem hat, wenn man nur den letzten Dreck isst? Dass der Körper dadurch keine Energie und Abwehrkräfte besitzt? Dass man dadurch eher zu Allergien, schlechten Knochenbau, zahlreichen Krankheiten, Stoffwechselstörungen und vor allem zu Übergewicht neigt?

Jeder, mit diesen schlechten Baustoffen gebaute Körper, ist das personifizierte marode Haus!

Wie würdest du dich in so einem „maroden" Körper fühlen? Mit welchen Problemen müsstest du dich tagtäglich beschäftigen? Wie viel deiner kostbaren Zeit, Energie und auch deines Geldes würde dieser Körper sinnlos verschwenden?

KARTOFFEL REIN → MENSCH RAUS

Ich kann es jedes Mal selbst kaum glauben. Dein Körper ist so extrem intelligent, dass du essen kannst, was du willst; er wird aus diesem Material irgendwelche menschlichen Zellen basteln. Das bedeutet erst einmal, es ist völlig egal, ob du eine leckere biologisch angebaute Kartoffel isst, ein gesundes Stück Fleisch oder ein mit allen möglichen Chemikalien vollgestopftes Fertiggericht. Daraus wird dein Körper Körperzellen basteln. Du entscheidest somit nicht nur darüber, aus welchem Material deine Körperzellen bestehen sollen, sondern vor allem, welche Qualität sie haben.

Seit dem Tag deiner Geburt hast du wahrscheinlich schon tonnenweise Lebensmittel gegessen und wieder ausgeschieden. Wenn du all die von dir in der Vergangenheit

konsumierten Lebensmittel zu einem imaginären Berg an-
häufen würdest, wie würde dieser Berg aussehen? Liegen
dort hauptsächlich Fast-Food-Verpackungen und Fertig-
gerichte? Liegen dort eine ganze Menge alkoholischer
Getränke? Liegen dort zigtausende Colaflaschen? Liegen
dort fettige Pommes und hochgespritztes Fleisch von
kranken Tieren? Liegt dort Obst und Gemüse, das mit Gift
bespritzt und angebaut wurde? Wie viele farbstoffvollge-
pumpte, fast ausschließlich aus Zucker bestehenden
Süßigkeiten sind auf diesem Berg aufgehäuft?

Oder besteht dein Berg eher aus jeder Menge biologisch
angebauten Obst und Gemüse, sowie frischen Lebensmitteln und selbst zubereiteten Gerichten ohne chemische Zutaten? Fließt dort klares, unbelastetes Wasser?

Na, wie sieht dein Berg aus?

Hier drei ganz einfache Fragen. Lese eine Frage und be-
antworte sie dir in deinen Gedanken. Gehe dann erst zu
nächsten Frage.

1. Würdest du deine Pflanzen mit Cola gießen?
2. Wenn nein, aus welchem Grund nicht?
3. Warum trinkst du es dann selbst?

In meinen Augen kann man nur jemanden auf eine Cola
einladen, wenn man diese Person überhaupt nicht mag.
Diese verdammten Softdrinks, die weltweit omnipräsent
sind, einfach überall zu haben sind, sind für mich wirklich
einer der Hauptgründe, warum die Menschen energielos,
unfit und krank sind. Ich kann es nicht oft genug sagen.
Diese Perspektive ist bei mir schon so ausgeprägt, dass
meine Halsschlagader kurz vor der Explosion steht, wenn
ich beim Mittagstisch in einem Restaurant oder einer Kantine sitze. Warum? Ich sehe erwachsene, gut ausgebildete
und teilweise sehr gut verdienende Menschen, die sich

zum Mittagessen eine Cola bestellen. Nochmal, ich sehe mich nicht als „Gesundheitsapostel", aber das sollte in meinen Augen sogar gesetzlich verboten werden!

Ach, noch was: Gibst du deinem geliebten Haustier Cola zu trinken?

ABNEHMEN IST DER POSITIVE NEBENEFFEKT

In erster Linie sollte es bei der Ernährung weder um die Gewichtsreduzierung noch um die Gewichtszunahme gehen. In meinen Augen sollte es immer um die richtigen Zellbausteine mit höchstmöglicher Qualität gehen. Du solltest dich so oft wie möglich für die Zellbausteine entscheiden, die dir Energie geben, dein Immunsystem stark halten, deine Muskeln wachsen lassen, deine Blutwerte unter Kontrolle halten, deine Hirnleistung aufrechterhalten und viele weitere Stoffwechselprozesse unterstützen. Dein Körpergewicht wird sich als positiver Neben-effekt von ganz allein in den von dir gewünschten Bereich einpendeln.

Diese Zellbaustoffe findest du nicht in plastikverpackten Nudelsuppen oder in Folie eingewickelten Schokoriegeln. Auch wenn die Werbung dir eine ganz andere Geschichte erzählt. Mittlerweile bin ich mir ziemlich sicher, dass du schon ganz genau weißt, welche Lebensmittel ich den zwei Kategorien zuordne.

WAS IST SCHEISSDRECK UND WAS IST OK

Welche Lebensmittel gehören denn jetzt in die Kategorie „Scheißdreck" und welche in die Kategorie „OK"? Lasst uns einfach unseren ganz normalen Menschenverstand verwenden. Nimm zum Beispiel eine Banane in die Hand und schau mal genau hin, was auf deren Verpackung alles an Inhaltsstoffen aufgelistet ist.

Wie? Da steht nichts drauf?

Das ist gut und bedeutet Kategorie „OK".

Anmerkung: Auf der Banane sind zwar keine Inhaltsstoffe abgedruckt, jedoch sollte man auch berücksichtigen, unter welchen Umständen sie gewachsen und transportiert worden ist. Denn was bringt mir eine anscheinend gesunde Banane, wenn sie unter grauenvollen Umständen angebaut und transportiert wurde?!

Die Faustregel für den Kauf von Obst und Gemüse sollte sein: „Regional & Saisonal".

Nimm bitte zum Vergleich irgendeinen Bananenriegel, Bananenjogurt oder Bananenchips in die Hand und schau dort auf die Inhaltsstoffe. Du musst überhaupt nicht wissen, was diese Inhaltsstoffe genau bedeuten. Es genügt bereits völlig, wenn dort Wörter und Abkürzungen stehen, von denen du weder weißt, was sie bedeuten, noch wie man sie aussprechen soll.

Das ist schlecht und bedeutet Kategorie „Scheißdreck".

So traurig es ist, grundsätzlich kann man sagen, dass alle „Lebensmittel" (ich möchte sie eigentlich gar nicht so bezeichnen, denn diese Mittel haben mit Leben nichts zu tun), die in der Fernsehwerbung in hoher Wiederholungszahl beworben werden, absoluter Mist sind. Finger weg davon! Schon gar nicht in Kinderhände damit!

Ein weiterer Vorschlag, der den Einkauf zwar schwer, aber nicht unmöglich macht, wäre: Überlege dir, ob das, was du gerade in den Einkaufskorb packen willst, schon vor 150 Jahren in dieser Form existiert hat.

Nein? Dann lass es im Regal stehen.

Es ist kein Geheimnis, dass die Volkskrankheiten gemeinsam mit der Industrialisierung der Lebensmittelprodukte gestiegen sind. Wir haben uns krank gefressen!

TIPPS ZUR EINFACHEREN UMSETZUNG

EIN GUTER START

Wie könnte denn jetzt ein guter Start aussehen, um die Lebensmittelkategorie „Scheißdreck" so stark es geht zu reduzieren? Der absolut wichtigste Punkt für einen guten Start ist deine Wahrnehmung. Trainiere zuerst bewusst den Moment wahrzunehmen, wenn du zu einer Cola, Fanta, Eistee oder ähnlichem greifst. Egal ob im Restaurant, an der Tankstelle oder zu Hause. Sei dir in diesem Moment gedanklich bewusst, dass du jetzt gerade zu einem Produkt aus der Kategorie „Scheißdreck" greifst. Erst der nächste Schritt ist dann, immer öfter Nein zu diesen Getränken zu sagen. Stell dir vor, du würdest dadurch von den 10 Softdrinks, die du pro Woche locker trinkst, auf fünf Softdrinks reduzieren. Das wäre ein super Start. Erinnere dich daran: Die kleinen Schritte machen den Unterschied. Und irgendwann kommst du ganz automatisch an den Punkt, wo solche Getränke wirklich nur noch die Ausnahme sind.

Stopp, ich weiß, was du jetzt gerne zu mir sagen würdest.

Ausrede Nummer 1: *„Aber ich kann doch nicht immer Wasser trinken. Ich brauche doch auch mal etwas mit Geschmack."*

Das kann man verstehen oder auch nicht! Ich glaube eher, dass es mehr die Sucht nach Zucker ist als der Wunsch nach Geschmack. Wenn dir mal absolut bewusst ist, dass diese Softgetränke ein großer Teil des Grundes sind, warum Menschen krank und dick sind, wird sich hoffentlich auch dein Verlangen danach reduzieren. Denke daran, diese Ausrede gehört wahrscheinlich zu deinen fest eingefahrenen Sprachfloskeln in deinen Sprachangewohnheiten. Wenn das schon immer deine Antwort darauf war, ist diese Antwort zu einem deiner Sprachmuster geworden, welches du immer wieder verwendest. Somit bestätigst du dir diesen Gedanken und verteidigst deine Einstellung (Ego). Versuche jegliche Antworten dieser Art als ein eingefahrenes Denkmuster von dir zu erkennen. Die Wahrnehmung solcher Muster ist der erste Schritt. Er ist so schwer, weil man seine eigenen Ansichten in Frage stellen muss. Wer will das schon?

Wenn du dich also das nächste Mal dabei ertappst, solch eine Antwort zu geben, nehme dich kurz zurück und denke darüber nach. Reflektiere was du gerade gesagt hast.

EINFACHE ALTERNATIVE

Die folgende Alternative zu Softdrinks geht immer. Nachteil, sie hat einen minimalen Zubereitungsaufwand: Gebe Wasser in einen großen Mixer, werfe dann eine Frucht deiner Wahl dazu rein und schalte den Mixer an. (Nicht vergessen, erst den Deckel drauf zu machen.) In eine Flasche abfüllen, zur Arbeit mitnehmen, erledigt!

DER WICHTIGSTE MOMENT

Ich möchte noch einmal kurz auf den wichtigsten Moment eingehen. Die Entscheidung für eine bessere Ernährung fällt nicht zu Hause in der Küche, wenn du vor einem gefüllten Kühlschrank stehst! Der wichtigste Moment für eine erfolgreiche Umsetzung der Maßnahme ist beim Einkauf im Supermarkt. Aber natürlich auch in dem Moment, in dem du eine Bestellung im Restaurant aufgibst, das Essen in der Kantine aussuchst oder am Süßigkeitenregal in der Tankstelle entlangläufst. Das sind die entscheidenden Momente! Sei dir hier bewusst (Wahrnehmung), dass du jetzt eine ganz wichtige Entscheidung für deine Gesundheit triffst. Wir wissen doch alle, wie es läuft. Ist die Packung Chips, die Tafel Schokolade oder die Kiste Bier zu Hause griffbereit, werden wir sie auch zu uns nehmen. Nur drei 0,5 Liter Eistee pro Woche weniger, ersparen dir schon 60 Zuckerwürfel. Krass! Nur drei von diesen Dingern! Aber dazu kommen wir noch ausführlich beim Thema „Wasser+".

Der Versuch zu verstehen, wie viel Zucker, wie viele Proteine, wie viele Fette, Mineralstoffe und Vitamine ein Lebensmittel enthält und wie viel du davon am Tag zu dir nehmen solltest, macht es viel zu kompliziert! Wenn du es dir einfach machen willst, teile die Lebensmittel ab sofort nur noch in „Scheißdreck" und „OK" ein.

Du hast die Wahl. Die Entscheidung liegt immer bei dir.

Maßnahme

Nummer Zwei

Trinke Wasser +

Notizen

LASS LAUFEN

Die meisten, die dieses Buch lesen, leben in einem Land, in dem sie nur den Wasserhahn aufdrehen müssen und sofort trinkbares Wasser zur Verfügung haben. Das ist nicht selbstverständlich auf dieser Welt, dafür kann und sollte man sehr dankbar sein. Aber auch dieses Leitungswasser kann man mit ein paar kleinen Tricks etwas aufbessern. Was ich absolut sinnvoll finde, sind Filtersysteme. Heutzutage gibt es sehr gute und günstige Filtersysteme, die man ganz einfach unter der Spüle oder direkt am Wasserhahn installieren kann. Nicht nur finanziell ist es eine Überlegung wert, so einen Wasserfilter zu installieren, auch sparst du dir einige mühsame Wege mit schweren Wasserkästen vom Getränkemarkt bis in die Wohnung. Laut Hersteller filtern diese Filter noch einiges an Rückständen aus dem Leitungswasser heraus, die da nicht drin sein sollten. Rückstände, wie Schwermetalle, Medikamentenrückstände, Bakterien, Mikroorganismen, Chlor, Chemikalien, Pestizide und so weiter.

Über die verschiedenen Filtersysteme kann man sicherlich auch diskutieren, jedoch am Ende des Tages muss man eine Entscheidung treffen. Ich habe mich für den Wasserfilter entschieden, den du in meinem Empfehlungsshop finden kannst.

ROBSTR Empfehlungs-Shop

UMWELTBEWUSST

Ich denke immer wieder daran zurück, dass wir damals im TrainingsCenter für unsere Mitarbeiter das Trinkwasser kostenfrei zur Verfügung gestellt haben. Dazu wurden wöchentlich sehr viele dieser 1,5-Liter-Wasser-Plastikflaschen-Six-Packs gekauft. Das hatte die Folge, dass wir zum einen den Arbeitsaufwand und die Kosten hatten, zum anderen hatten wir am Ende jeder Woche eine riesige Menge an leeren Plastikflaschen. Es war erschreckend wie viele leere Plastikflaschen das immer waren. Das kann nicht umweltbewusst sein! Wir mussten etwas ändern! So kamen wir auf die Idee, unser Leitungswasser zu filtern.

WASSER IST LEBEN

Wasser ist nicht nur Wasser. Wasser ist Leben und Wasser ist Energie. Was für uns Menschen das Blut im Körper ist, ist das Wasser für unsere Erde. Ohne Wasser könnte nichts auf dem Planeten gedeihen oder blühen. Es ist bekannt, dass der Mensch zu einem sehr hohen Anteil aus Wasser besteht, das Gehirn sogar mit bis zu über 75%! Es sollte jedem bewusst sein, dass jede Flüssigkeit, die er zu sich nimmt, einen sehr großen Anteil seiner Körperzusammensetzung ausmacht. Und das bedeutet, dass genau diese Flüssigkeit eine enorme Rolle in deiner Gesundheit spielt.

WAS TRINKST DU

Kommen wir zu unseren zwei Lebensmittelkategorien zurück.

1. Scheißdreck
2. OK

Es ist traurig, aber wahr. Jedes Getränk, welches du abgepackt in Plastikflaschen oder einem Getränkekarton in den Supermarkt- und Tankstellenregalen findest, ist absoluter Scheißdreck. Industriell hergestellte, farbstoffverseuchte, chemische Zuckerpisse! Wie schon gesagt, diese Getränke (man müsste sie toxische Flüssigkeiten nennen) sind meiner Meinung nach einer der Hauptgründe dafür, dass die Menschen dick und krank werden. Sicherlich kannst du dir bereits vorstellen, von welchen Getränken ich spreche: Alle gut bekannten Limonaden und Softgetränke, Eistees, sogenannte Fruchtsäfte, Mixgetränke, Kaffeemixgetränke, Energiedrinks und so weiter.

100 ZUCKERWÜRFEL

Gehörst du zu denen, die täglich mindestens eines von diesen oben genannten Getränken zu sich nehmen? Ja?

Geht ja auch ganz bequem, schnell und einfach. Zum Beispiel auf dem Weg zur Arbeit an der Tankstelle gekauft oder am Automaten bei der Arbeit gezogen. Eventuell auch beim Mittagstisch mit den Kollegen, auf der Heimfahrt in der Bahn oder abends auf der Couch vor dem Fernseher zum Abschalten. Im englischsprachigen Raum haben sie einen Begriff dafür gefunden, der den Nagel auf den Kopf trifft. Er klingt gut, beschreibt aber nur die Anwenderfreundlichkeit und nicht die Qualität der Lebensmittel. „Convenience Food" (Convenient = bequem/praktisch/komfortabel).

Das sind alle Lebensmittel und Gerichte, die ganz „bequem" und ohne großen Aufwand verfügbar sind. Denke bitte einmal kurz darüber nach, was dir unter den Argumenten *Einfach"* und *„Bequem"* alles untergejubelt werden kann. Wenn du zu diesen Personen gehörst, die jeden Tag so ein Getränk zu sich nehmen, hast du in meinen Augen ein großes Problem. Stelle dir bitte einen großen Teller vor, auf dem 100 Zuckerwürfel angehäuft sind. Wie würdest du reagieren, wenn du jeden Freitag-abend diesen Teller komplett aufessen müsstest?

Ich denke, du würdest das eher nicht tun wollen. Aber mit deinen nur fünf Softdrinks pro Woche hast du dieses Ziel am Freitagabend locker erreicht. Allein nur durch dieses einzige Getränk pro Tag, welches nur ein winzig kleiner Teil deiner (flüssigen) Ernährung ist, hast du schon 100 Zuckerwürfel am Ende der Woche zu dir ge-nommen. Einhundert! Und da sprechen wir nur vom ent-haltenen Zucker und noch nicht von der restlichen Chemiepisse!

Ich kann mich noch gut an einen Kumpel erinnern, der jeden Tag mit einem Eistee (wir kennen alle diesen 0,5-Liter Tetrapack) zur Arbeit kam. Jeden einzelnen Tag! Und er ist sicherlich nicht alleine mit dieser Angewohn-heit. Wie viele Menschen es wohl gibt, die es sich zu Angewohnheit gemacht haben, morgens erstmal bei der Tanke einen Eistee (oder ähnliches) zu holen?

Es dauerte eine ganze Weile und es hat tägliche Diskussi-onen gebraucht, bis er eingesehen hat, dass er mit diesem Eistee wirklich nur Scheißdreck in sich rein-schüttet. Die Information, die täglichen Diskussionen und die daraus resultierende Erkenntnis haben geholfen, diese furchtbare Angewohnheit loszuwerden. Und für alle Sparfüchse: dass ist nicht nur gesund, sondern spart auch einiges an Geld. Das war einer seiner wichtigsten Schritte zu mehr Bewusstsein für seine Gesundheit. Ein kleiner Schritt für ihn, aber ein großer Schritt für seine Gesund-heit!

Wenn du das nächste Mal zu einer Cola greifen willst, stelle dir doch einfach die Frage von vorhin:

Würdest du mit Cola deine Blumen gießen?

Die Antwort auf diese Frage sollte dir die Entscheidung, die Cola nicht zu trinken, etwas erleichtern.

Wenn du weitere Beispiele und Perspektiven willst, schaue bei den „Zusätzlichen Texten" im Onlinebereich vorbei. Sie werden dir helfen, von diesen Zuckergetränk-Drogen wegzukommen.

Exklusiv
Zusätzliche
Texte

WAS IST MIT LIGHT-GETRÄNKEN

Eine der häufigsten Reaktionen ist: *"Aber ich trinke doch nur Light- und Zero-Limonaden. Da ist doch kein Zucker drin."*

Diese Aussage kann ich leider nur akzeptieren und darüber lächeln, wenn sie deutlich in sarkastischer Form kommt. Ich kann es nicht glauben, dass ein erwachsener Mensch so eine Aussage wirklich ernst meinen kann. Diese Light-Getränke sind genau die gleiche chemische Zuckerpisse, nur ohne Zucker. Dafür aber voll von chemischen Süßungsmitteln, die noch schlimmer für deine Gesundheit sind als der Zucker! Ist die Gesellschaft seit der Einführung der Light-Produkte dünner oder dicker geworden? Lüge dir nicht in die eigene Tasche. Mach bitte die Augen auf! Die Augen schließen und das Problem verdrängen schadet ausschließlich deiner eigenen Gesundheit!

WASSER+

Was kann man sich unter „Wasser+" vorstellen? Wasser+ ist "gepimptes", also aufgemotztes Mineralwasser aus dem Getränkemarkt oder dem Leitungswasser aus dem Wasserhahn. Es sind nur ein paar wenige Handgriffe nötig, um deinen Wasserhaushalt und deine Wasserqualität zu optimieren.

MINERALSTOFFE

Dein Körper tut sich wesentlich leichter das Trinkwasser in sich aufzunehmen und damit sein Körpergewebe zu versorgen, wenn es ausreichend mit Mineralstoffen versorgt ist. Die Mineralstoffe könnte man auch als die fleißigen Helfer bezeichnen, die das Wasser in das Körpergewebe befördern. Es könnte sogar der Fall sein, dass du viel mineralarmes Wasser trinkst aber trotzdem dehydriert bist. In so einem Wasser sind einfach zu wenig Mineralstoff-Helfer anwesend, um das Wasser ausreichend ins Körpergewebe zu transportieren. Du hast es hauptsächlich gleich wieder ausgepinkelt.

Die einfachste Methode, dem Wasser ein paar Mineralstoffe hinzuzufügen, ist die Zugabe von Salz. Ja, genau, Salz! Aber kein einfaches Tafel- oder Kochsalz, sondern natürliches Mineralsalz oder Natursalz. Normales Tafelsalz ist chemisch raffiniert und mit Jod angereichert. Natursalz hingegen ist mineralreich, so wie es von der Natur vorgesehen ist. Das bedeutet: Füge deinem Wasser einfach nur eine Prise Natursalz hinzu, um es mit natürlichen Mineralstoffen anzureichern. Und zwar nur so viel Salz, dass das Wasser immer noch nach Wasser schmeckt und nicht nach Mittelmeer.

VITAMINE UND CO.

Die wirklich einfachste Methode, dem Wasser Vitamine und Geschmack hinzuzufügen, ist die Zugabe von etwas

Limetten- oder Zitronensaft. Ich schneide mir jeden Tag eine große, leckere Bio-Zitrone oder Bio-Limette in zwei Hälften. Von der einen Hälfte nehme ich das Fruchtfleisch und gebe es in mein Wasserglas und die andere Hälfte presse ich immer wieder in mein Glas, wenn ich es frisch mit Wasser auffülle. So habe ich den ganzen Tag leckeres, mineral- und vitaminhaltiges Zitronenwasser. Es bieten sich so viele Früchte und Kräuter an, um dem Wasser Vitamine, Mineralstoffe und Geschmack hinzuzufügen. Ein Renner ist zum Beispiel auch Ingwer. Es können aber auch Beeren, Pfefferminze oder Orangenstücke sein. Lass deiner Kreativität freien Lauf und probiere einfach mal verschiedene Varianten aus.

WIE VIEL WASSER SOLL ICH TRINKEN

Vor allem bei diesem Punkt zählt wieder ganz normaler Menschenverstand. Es gibt keinen allgemeingültigen Ratschlag, der besagt, dass eine bestimmte Menge Wasser pro Tag für jeden gleichermaßen gilt.

Es ist immer individuell zu betrachten. Eines ist sicher: Wenn du ein körperlich aktiver Mensch bist, solltest du auch etwas mehr Wasser zu dir nehmen als ein körperlich inaktiver Mensch. Auch wenn du stark schwitzt, solltest du mehr Wasser trinken als jemand, der weniger schwitzt. Die meisten von euch werden eher zu wenig trinken und sind somit auch immer leicht dehydriert.

Aber woran kann man das erkennen?

Zum Beispiel, wenn du um 11:00 Uhr am Vormittag bemerkst, dass die Wasserflasche, die du von zu Hause mitgebracht hast, noch nicht einmal geöffnet ist. Oder wenn dein Urin aussieht wie ein dunkles Hefeweizen. Bei trockener und/oder klebriger Haut, schlechter Hautelastizität, trockenen Augen und trockenem Mund (auch trockene Lippen), Kopfschmerzen, Muskelkrämpfen, Müdigkeit, Energielosigkeit und so weiter.

Versuche bitte selbst auf eine Antwort zu kommen. Frage dich dazu:

- Wie viel Wasser am Tag wäre wohl zu wenig?
- Wie viel Wasser am Tag wäre definitiv zu viel?

Die richtige Antwort für deine tägliche Wassermenge wird sicherlich irgendwo in der Mitte liegen.

Wie gesagt, ich will eigentlich keine pauschalen Angaben zum Wasserhaushalt machen, aber ungefähr 2 – 3 Liter pro Tag sollten bei jedem erwachsenen Menschen schon drin sein. Vielleicht fragst du dich, ob andere Getränke auch schon zum Wasserhaushalt dazuzählen. Zum Beispiel Kaffee oder Tee, Limonaden, Säfte oder Smoothies.

Für mich klingt diese Frage irgendwie nach einer Ausrede, um etwas anderes anstatt Wasser zu trinken. *"Hey, ich habe heute schon drei große Tassen Kaffee, ein Spezi und zwei Bier getrunken. Da brauche ich doch kein Wasser mehr für meinen täglichen Flüssigkeitshaushalt."*

Einfache Regel: Wenn die Flüssigkeit nicht durchsichtig ist, zählt sie auch nicht zu deinem Wasserhaushalt!

Mir geht es hier um die grundsätzliche und positive Einstellung zum Wasser. Deine primäre Wasseraufnahme sollte auch Wasser sein: Gutes, reines, leckeres, mineralhaltiges, energievolles, lebenspendendes, positives und heilendes Wasser. Es ist die Quelle für mehr Energie, Gesundheit und Lebensfreude. Wasser, das Blut des Planten Erde.

TIPPS ZUR EINFACHEREN UMSETZUNG

ALTERNATIVEN ZU LIMONADEN

Hier ist die einfachste Alternative, sich ein aromatisiertes Wasser mit vielen Vitaminen und Mineralstoffen zuzubereiten. Selbst wenn du mit deiner selbstgemachten Variante nur eine einzige Zuckerpisse am Tag ersetzt, hast du bereits sehr viel erreicht. Sehr viel!

Mache es dir nicht zu kompliziert! Gieße Wasser in einen Mixer und füge eine Obstsorte deiner Wahl hinzu. Schalte den Mixer an. Mixen lassen. Abfüllen und Prost.

Einer meiner Favoriten: Wasser mit Wassermelone.

LOGISTIK

Wichtig ist es auch, alle nötigen Hilfsmittel und Küchengeräte griffbereit zu haben. Außerdem kann es nicht schaden, wenn dir dein "Werkzeug" optisch gefällt.

Was meine ich damit?

Wenn ich mir zum Beispiel eine schöne, hochwertige Glasflasche kaufe, nehme ich diese gerne in die Hand und verwende sie viel lieber als eine alte Plastikflasche. Die Chance, dass du dich auf den Inhalt deiner Wasserflasche freust, ist mit der "Lieblingsflasche" wesentlich größer. Dann benötigst du nur noch einen anständigen Mixer. Ich finde, ein guter Mixer sollte sich vor allem leicht reinigen lassen. Das spart viel Zeit in der Küche. Ist die Logistik gut vorbereitet, hast du keine Probleme mehr bei der täglichen Umsetzung.

RUNTERBRECHEN IN KLEINE SCHRITTE

Denke daran, wenn du dir vornimmst, in kleinen und machbaren Schritten vorzugehen, dann ist die Chance sehr groß, dass du dieses neue Verhalten in dein Leben erfolgreich integrieren wirst. Wenn du die neue Angewohnheit „Wasser+" in einzelne kleine Schritte herunterbrechen möchtest, würde ich damit beginnen, einfach nur eine Tasse Wasser kurz nach dem Aufstehen zu trinken. Nicht mehr, aber auch nicht weniger! Diese Tasse stellst du dir am besten schon am Vorabend demonstrativ und nicht zu übersehen in die Küche.

Anmerkung: Der wichtige Moment ist in diesem Fall der Vorabend, an dem du die Tasse vorbereitest. Vielleicht möchtest du dir eine Notiz auf den Nachttisch legen, damit du das nicht vergisst. Aber wenn du am nächsten Morgen im Aufwachmodus in die Küche spazierst, wirst du dich freuen, das alles vorbereitet auf dich wartet. Somit musst du am nächsten Morgen nur noch Wasser in die Tasse füllen und austrinken. Geschafft! Schritt eins hast du damit erfolgreich ausgeführt.

Führe jeden Einzelschritt ruhig erst für ein, zwei oder mehrere Wochen aus, bevor du zum nächsten Schritt übergehst.

Der nächste Schritt wäre zum Beispiel, aus der Tasse Wasser ein ganzes Glas Wasser zu machen. Somit erhöhst du ganz leicht die Wassermenge. Du nimmst dir vor, dieses Glas Wasser ausgetrunken zu haben, bevor du das Haus verlässt. Der nächste Schritt ist dann zum Beispiel, eine kleine Prise Natursalz in das Wasser zu geben. Dann wäre der nächste Schritt, die Zitrone oder Limette dazuzugeben. Und so weiter.

Wasser ist die Quelle allen Lebens. Auch von deinem!

Maßnahme

Nummer Drei

Spüle deine Beine mit kaltem Wasser ab

Notizen

Wasser kann man nicht nur trinken und innerlich als „Heilmittel" wirken lassen, Wasser kann man auch wunderbar äußerlich anwenden.

SCHIFF AHOI

Den ersten eigenen Aha-Effekt bezüglich Kältetherapie hatte ich im Jahr 2004 auf einem Kreuzfahrtschiff, auf dem ich als Fitnesstrainer arbeiten durfte. Mein Kajütenkollege war Physiotherapeut. Wir haben uns super verstanden und hatten eine tolle Zeit auf See. Über ihn habe ich zum ersten Mal eine Kälteanwendung am eigenen Leib kennengelernt. Nach ungefähr drei Monaten auf hoher See habe ich ihn um Hilfe gebeten, was ich gegen meine so unglaublich schweren und trägen Beine machen könnte. Sie fühlten sich schon einige Wochen lang an, als ob sie in Zement gegossen wären. Seine Behandlung ging folgendermaßen vor sich: Ich durfte mich auf eine gemütliche Behandlungsliege in Rückenlage legen, und meine nackten Beine wurden bis zur Hüfte in eiskalte Tücher eingewickelt. Es fühlte sich an, als ob ich bis zur Hüfte im Schnee stehen würde. Mein Oberkörper wurde mit einer kuscheligen Decke zugedeckt und war somit angenehm warm. So lag ich dort für 30 oder 40 Minuten. Ich erinnere mich noch sehr gut an den Abend nach der Behandlung, als ich im Crew-Restaurant mein Abendessen zu mir nahm. Ich hatte dieses unglaublich angenehme und erfrischende Gefühl in meinen Beinen. Sie fühlten sich wieder leicht, locker und lebendig an. Das war also mein erster Aha-Effekt, den ich am eigenen Körper durch eine Kälteanwendung spüren durfte.

TRAINIERE WIE EIN PROFI

Mein zweiter Aha-Effekt in diesem Bereich ereignete sich in den USA in Arizona, wo ich im Jahr 2009 für mehrere Wochen an einer sehr intensiven Trainerausbildung teilnahm. Diese Zeit war ein absoluter Meilenstein in meiner Trainerkarriere. Dort durfte ich die Tipps und Tricks, sowie die Geheimnisse kennenlernen, wie Profis aus den großen amerikanischen Ligen (NBA, NFL, NHL) betreut und trainiert werden. Nicht nur im Training, sondern auch in der Regeneration und der Ernährung. Eine der Regenerationsmaßnahmen waren "Wechselbäder" ganz im Sinne von Sebastian Kneipp. Diese sahen so aus, dass ich gemeinsam mit den NFL-Profis zuerst für wenige Minuten in einem großen Kaltwasserbecken saß und dann in ein Becken mit warmem Wasser wechselte. Diese Prozedur ging ein paar Mal hin und her. Nach diesen Wechselbädern war die Anstrengung vom Tag (fast) ganz vergessen.

Doch Achtung. Kaltwasseranwendungen solcher Art, müssen trainiert werden. Setzt du dich am Anfang zu lange einer zu niedrigen Wassertemperatur aus, kannst du dir eine Unterkühlung einfangen.

REGENERATION DURCH KALTES WASSER

Es ist bekannt, dass ein Profi-Sportler zu Regenerationszwecken unter anderem in die Eistonne hüpft, in einer Kältekammer sitzt oder durch ein Kneipp-Becken tritt.

Aber wie sieht es mit dir aus? Du bist auch ein Profi in deinem Beruf!

Auch du legst viele Schritte am Tag zurück, ja teilweise sogar viele Kilometer. Du läufst oft viele Stockwerke auf und ab und musst dabei auch schwere Gegenstände tragen. Deine Beine sind täglich einer hohen Belastung ausgesetzt. Warum also nicht bewährte und altbekannte Regenerationsmaßnahmen ergreifen, die du supereinfach zu Hause umsetzen kannst.

Sebastian Kneipp hat bereits um das Jahr 1850 herum herausgefunden, dass Kaltwasseranwendungen, Wechsel-bäder und Wassertreten deine Gesundheit fördern und heilende Kräfte besitzen. Du hast sicherlich schon einmal ein Kneipp-Becken gesehen. Sehr oft findet man sie in Kurorten oder in Orten, in denen viele Wanderer unterwegs sind. Es gibt nichts Schöneres, als nach einer langen Wanderung durch ein Kneipp-Becken zu treten oder einfach auch nur seine Beine in das kalte Wasser des Beckens zu hängen. Diese Kneipp-Anwendungsidee nehmen wir einfach mit nach Hause unter die Dusche und haben somit die Möglichkeit zur Durchführung einer Regenerations-maßnahme, wie sie die Profisportler auch nutzen.

SO „KNEIPPST" DU ZU HAUSE

Ich gehe fest davon aus, dass du hin und wieder unter der Dusche stehst. Warum diesen Moment nicht auch zur Wassertherapie nutzen? Wenn du fertig geduscht hast, nimmst du einfach den Duschkopf in die Hand, stellst das Wasser auf kalt und spülst dir die Beine ab. Arbeite dich langsam von den Füßen nach oben bis zur Hüfte. Du solltest schon so lange draufhalten, bis du auch ein Kältegefühl in den Beinen spürst. Das dauert ungefähr 30 Sekunden pro Bein. Aber auch hier, arbeite dich langsam mit der Zeit nach oben. Danach kannst du entweder das Wasser ausschalten und deinem Körper das "Wiederauf-heizen" überlassen (dazu kannst du sanfte Bewegungen ausführen) oder das Wasser auf warm stellen und die Beine damit wieder aufwärmen. Jeder sollte dieses wahnsinnig tolle Gefühl selbst erleben. Das Gefühl, wenn die Beine von allein wieder aufheizen. Diese einfache Kaltwasseranwendung ist Training für dein Gefäßsystem und somit hervorragend für deine Blutversorgung im gesamten Unterkörper. Dadurch kannst du bei jedem Gang unter die Dusche eine sehr professionelle Regenerationsmaßnahme für deine Beine durchführen.

Der aktuelle „Eisbade-Guru" ist Wim Hof. Auch von ihm findet ihr ein Buch im Onlinebereich bei den Literaturempfehlungen. Wer sich für Eisbaden, kalte Duschen und Atemübungen interessiert, kommt aktuell nicht an ihm vorbei.

Exklusiv
Literatur
Empfehlung

Maßnahme

Nummer Vier

Schlafe dich gesund

Notizen

WUNDERMEDIKAMENT SCHLAF

Schlaf ist wohl das wichtigste Wundermedikament, das auf diesem Planeten zu finden ist. Und um das noch zu übertreffen, es ist völlig kostenlos! Der Schlaf schafft es, dich von Krankheiten zu heilen, dir neue Energie zu geben, dein Stress zu reduzieren, deine Gedanken zu beruhigen, Perspektiven zu wechseln, dir Eingebungen durch Träume zu vermitteln, Emotionen zu zügeln und noch ganz vieles mehr.

Wonach sehnst du dich, wenn du krank bist? Wonach sehnst du dich, wenn du völlig erschöpft bist? Wonach sehnst du dich, wenn du ein Energietief hast? Genau, du sehnst dich nach Schlaf! Das Einzige, was du willst, ist dein Bett oder deine Couch, um zu schlafen.

Das kannst du jedoch auch andersherum betrachten. Es bist nicht du, der sich nach Schlaf sehnt, es ist dein Körper, der den Schlaf von dir einfordert. Du sehnst dich also nur nach Schlaf, weil dein Körper ihn verlangt. Er benötigt nämlich den Schlaf ganz dringend, um seine Wunderheilkräfte (Selbstheilungskräfte) voll entfalten zu können. Das muss dir bewusst sein. Regeneration und Schlaf gehören zusammen.

Es gibt so viele gute Bücher zum Thema Schlaf, die dir zahlreiche interessante Argumente und Beweise darlegen, warum der Schlaf so unglaublich wichtig für uns ist. Eines meiner Lieblingsbücher ist „Das große Buch vom Schlaf" („Why we sleep") von Matthew Walker.

Exklusiv
Literatur
Empfehlung

NEUE PERSPEKTIVEN ZUM SCHLAF

DIESER SCHEISS WECKER

Wenn der Wecker morgens klingelt, bist du um jede einzelne Minute froh, noch liegen bleiben zu dürfen. Vielleicht drückst du mehrmals auf die Snoozefunktion deines Weckers. Die meisten von uns denken in dieser Situation doch: *"Bitte noch eine Minute liegen bleiben."*

Ich habe Schwierigkeiten zu verstehen, warum man morgens so dankbar für jede zusätzliche Schlafminute sein kann aber abends nicht früher ins Bett geht, weil...:

- ... man unbedingt noch ein Fußballspiel anschauen muss.
- ... man unbedingt noch zwei weitere Folgen einer Serie anschauen muss.
- ... man unbedingt noch die Late-Night-Show im Fernsehen gesehen haben muss.
- ... man sinnlos im Internet von einem Video zum nächsten Video springt.
- ... man im Autopilotmodus den Handybildschirm scrollt und scrollt und scrollt.
- ... weil man zum Sklaven der Social-Media-Plattformen geworden ist.
- ... weil man denkt, *"Ich kann doch jetzt noch nicht schlafen gehen!"*

Wir vergeuden abends sehr viel wertvolle Schlafenszeit mit absolut unnötigen Dingen. Dafür beginnen wir den Tag morgens meistens damit, jeder einzelnen Minute nachzutrauern, die wir noch schlafen könnten. Was für ein toller Start in den Tag!

Vielleicht willst du selbst mal hochrechnen, was 30 Minuten am Abend weniger unnötige Dinge machen und

anstatt dessen schlafen zu gehen, in der Summe ausma-
chen.

- 30 Minuten pro Tag → entsprechen 3,5 Stunden
  pro Woche
- 3,5 Stunden pro Woche → entsprechen 14 Stunden
  pro Monat
- 14 Stunden pro Monat → entsprechen 168 Stunden
  pro Jahr.
- 168 Stunden sind eine komplette Woche (Tag und
  Nacht) Schlaf!

ALLE MÜSSEN SCHLAFEN

Jede Spezies auf dem Planeten schläft. Jede! Es gibt
bisher noch keine Beweise, dass irgendeine Spezies nicht
schlafen oder ruhen muss, um leben zu können. Das
heißt, dass der Schlaf sich durch die bisherige Evolution
der Erde und all ihrer Lebewesen durchgesetzt hat. Der
Schlaf ist eine absolute Konstante in der Evolution. Daran
besteht kein Zweifel. Daraus kann man schließen, dass
der Schlaf unglaublich wichtig sein muss.

Allan Rechtschaffen drückt es wie folgt aus: *„Falls der
Schlaf nicht absolute lebenswichtige Funktionen hätte,
dann wäre er der größte Fehler, den der Evolutionsprozess je gemacht hätte."*

Man muss jedoch überhaupt nicht lange wissenschaftliche
Forschungsarbeit betreiben, um eine Spezies auf diesem
Planeten zu finden, die es sich zur Angewohnheit ge-
macht hat, ihren Schlaf nicht nur komplett durcheinan-
der zu bringen, sondern auch extrem zu reduzieren. Diese
Spezies nennt sich: Mensch!

Einzig der Mensch glaubt, er könne auch mit wenig und unregelmäßigem Schlaf gesund bleiben.

„Falls der Schlaf nicht absolute lebenswichtige Funktionen hätte, dann wäre er der größte Fehler, den der Evolutionsprozess je gemacht hätte."

Allan Rechtschaffen

Der Mensch hat es erfolgreich geschafft, diese wichtige Konstante der menschlichen Evolution komplett durcheinanderzubringen. Herzlichen Glückwunsch. Im Endeffekt haben wir nicht nur unsere Wirtschaft erfolgreich industrialisiert, sondern auch unseren Schlaf. Beziehungsweise konnte die Industrialisierung der Wirtschaft nur auf Kosten des Schlafes stattfinden. Das müssen jetzt sehr viele Menschen mit ihrer Gesundheit bezahlen. Wir haben den Schlaf aus dem natürlichen Rhythmus gebracht, den unsere Vorfahren jahrtausendelang vorgelebt haben. Ein Schlafrhythmus, der noch bis vor gar nicht allzu vielen Jahrzehnten völlig normal war. Ist es nicht eine unglaubliche Vorstellung, wie viele Tausende von Jahren unsere Vorfahren im Einklang mit dem Tag- und Nachtrhythmus gelebt und gearbeitet haben? Es ist aber noch viel unglaublicher, in wie kurzer Zeit es den Menschen auch gelungen ist, diesen Rhythmus durcheinanderzubringen.

SCHLAF IST EINE PSYCHISCHE NOTWENDIGKEIT

Interessant ist es auch, dass es niemanden gibt, der auf der einen Seite mental angeschlagen ist, also psychische Probleme hat, und auf der anderen Seite trotzdem gesund und fest schläft. Das bedeutet so viel, dass es keine psychische Krankheit gibt, die nicht mit einem gestörten Schlafmuster einhergeht! Schlaf ist also nicht nur für unsere körperliche Gesundheit, sondern auch für unsere mentale Gesundheit unabdingbar!

SCHLAF TROTZ TOTALER HILFLOSIGKEIT

Aus den alten Westernfilmen kennt man noch die Szenen, dass immer einige Männer abgestellt wurden, die über die Nacht verteilt Wache halten mussten, um die anderen vor Gefahren zu schützen. Wenn der Feind oder das Opfer schläft, tut sich der Angreifer leicht. Wir alle sind im schlafenden Zustand absolut hilflos und zahlreichen Gefahren völlig ausgeliefert. Dennoch verlangt die Natur von uns, dass wir schlafen. Hinzu kommt, dass wir viele lebenswichtige Tätigkeiten während des Schlafens nicht ausführen können.

Während des Schlafens...

- … können wir uns nicht gegen Angreifer verteidigen.
- … können wir weder essen noch trinken.
- … können wir niemanden beschützen.
- … können wir weder Geld verdienen noch Nahrung besorgen.
- … können wir uns nicht fortpflanzen.

Trotzdem verlangt die Natur von uns, dass wir schlafen sollen!

Wie wichtig muss dieser Schlafzustand für uns Menschen sein, dass uns die Natur diesen Gefahren für ein Drittel unserer Lebenszeit aussetzt?

Lass uns das mal hochrechnen. Wenn man sein Leben lang jede Nacht acht Stunden Schlaf einhalten würde und man 90 Jahre alt werden würde, hätte man ganze 30 Jahre seines Lebens im schlafenden Zustand verbracht. 30 Jahre!

SCHLAFMANGEL MACHT DUMM

Eine weitere sehr wichtige Funktion des Schlafs ist das Lernen! Schlaf macht dich schlauer.

Der Mensch hat sich unter anderem von allen anderen Spezies abgesetzt, da er es geschafft hat zu lernen. Der Mensch hat gelernt, aus gemachten Erfahrungen sich weiterzuentwickeln. Er lernte, Erfahrungen miteinander zu verknüpfen und neue Schlüsse daraus zu ziehen. Diese Verarbeitung von Erfahrungen findet vor allem im Schlaf statt.

Viele verstehen diese Perspektive zum Schlaf andersherum besser. Wir alle haben schon einmal unter Schlafmangel gelitten. Wir haben alle schon mehrere Nächte durchgemacht. Kannst du dich noch daran erinnern, wie gut deine geistigen Fähigkeiten in diesem übermüdeten Zustand waren? Warst du klar im Kopf? Oder bist du eher im Nebel gestanden und konntest überhaupt keinen klaren Gedanken fassen? Der darauffolgende Schlaf, hat diesen Gedankennebel ganz sicher wieder verschwinden lassen.

SCHLAFMANGEL MACHT DICK

Ja, du hast richtig gelesen. Wer unter Schlafmangel leidet, neigt wesentlich mehr dazu, dick zu werden. Das hat einen hormonellen Hintergrund und läuft so automatisch in deinem Körper ab, dass du keine Chance hast, diese Funktion abzustellen.

Aber vielleicht kannst du mit folgender Erklärung mehr anfangen.

Stell dir vor, du stehst vor einem wunderbaren All-You-Can-Eat-Buffet mit wirklich allem, was das Herz begehrt.

Was denkst du? Zu welchen Lebensmitteln würdest du greifen, wenn du in einem übermüdeten und gestressten Zustand vor diesem Buffet stehen würdest?

Und dann stell dir bitte auch vor, zu welchen Lebensmitteln du greifen würdest, wenn du ausgeschlafen, sowie voller Energie und Lebensfreude vor diesem Buffet stehen würdest.

Um es kurz zu machen, übermüdet neigen wir dazu, zu den Lebensmitteln zu greifen, die der Kategorie "Scheißdreck" angehören. Ausgeschlafen gehen wir wesentlich rationaler bei der Auswahl unserer Lebensmittel vor und entscheiden uns für deutlich mehr Lebensmittel aus der Kategorie „OK".

FAZIT

Du kannst dir absolut sicher sein, dass nur ein guter und gesunder Schlafzustand diese hier erwähnten Wunder (Selbstheilungskräfte) in deinem Körper auslöst. Kein gesunder Schlafzustand bedeutet auch ein Fehlen dieser

Selbstheilungskräfte. Keine Selbstheilungskräfte wiederum bedeutet eine höhere Anfälligkeit für Krankheiten und ein vermehrtes Auftreten von verschiedenen gesundheitlichen Problemen. Keine Selbstheilungskräfte bedeutet immer auch, eine schlechte Regenerationsfähigkeit, dauerhafte Energielosigkeit und psychische Abgeschlagenheit!

Wer einen schlechten Schlaf hat, sollte das zu seiner obersten Priorität machen. Bitte hol dir Hilfe, wenn du zu den Personen gehörst, die unter Schlafmangel leiden. Und ja, in bestimmten Fällen können Schlafmedikamente sicherlich hilfreich sein. Dennoch bitte ich dich, nicht aufzugeben und nach einer Lösung für dein Schlafproblem zu suchen, ohne auf diese Medikamente zurückgreifen zu müssen.

Ich kann dir hier ein paar Tipps und Tricks empfehlen, die deinen Schlaf verbessern können. Die Ursache liegt jedoch ganz sicher in der Komplexität deines Lebenswandels. Eine weitere Perspektive, die ich dir sehr gerne zum Thema Schlaf mitgeben würde, ist die, dass wir die Ursache für unseren schlechten Schlaf nicht in der Nacht finden werden. Wir schlafen schlecht aufgrund unserer Lebensführung, unseres angeeigneten Lifestyles am Tag.

> *"Schlechter Schlaf ist nur ein Resultat*
> *unseres Lebenswandels."*
>
> Robin Müller-Schober

WIE SOLLTE DEIN SCHLAF AUSSEHEN

Nochmals, dass wir unser Leben und somit vor allem unseren Schlaf an die Industrialisierung angepasst haben, ist nun einmal die Welt, in der wir leben. Das bedeutet, dass du deinen Schlaf an deine Arbeitszeiten anpasst und an die Aktivitäten in deinem Privatleben. Nichtsdestotrotz kannst du sicherlich an ein paar kleinen Stellschrauben drehen, um deinen Schlaf zu verbessern. Es bringt überhaupt nichts, sich darüber aufzuregen, was deinen Schlaf zwar verbessern könnte, es jedoch überhaupt nicht mit deinem Arbeits- und Privatleben kompatibel ist.

TIPPS UND TRICKS FÜR EINEN BESSEREN SCHLAF

- Das optimale Schlafzeitfenster ist auf alle Fälle so ungefähr zwischen 22:00 Uhr und 06:00 Uhr. Vor allem die ein bis zwei Stunden vor 24 Uhr sind für den Schlaf wichtig. Bitte versuche regelmäßig vor 22 Uhr im Bett zu sein.
  - o Das hat mit dem Zyklus von Nacht und Tag zu tun, dem die Menschheit schon immer gefolgt ist.
- Die Mindestschlafzeit sollte nach aktuellem Wissenstand mindestens sieben Stunden betragen.
- Vermeide Handys, Fernseher und Co bevor du schlafen gehst.
- Alkohol ist absolut tabu. Alkohol lässt dich nicht besser einschlafen, Alkohol lässt dich „abschmieren" und zerstört deine Schlafphasen.
- Die Temperatur im Schlafzimmer sollte eher kühl sein. Jeder weiß, wie schlecht man schläft, wenn die Temperaturen hoch sind.
- Kurze Mittagsschläfchen können sehr effektiv sein.

- Koffein solltest du nach spätestens 15 Uhr nicht mehr zu dir nehmen. Denke dabei nicht nur an Kaffee. Denke vor allem dabei an die Energiedrinks, die man auch gerne noch zu späterer Stunde zu sich nimmt. Sie sind voll mit Koffein (und Scheißdreck!).
- Dein Schlafrhythmus sollte regelmäßig sein. Gehe so oft es geht immer zur gleichen Zeit abends ins Bett und stehe zur gleichen Zeit morgens auf. (Auch am Wochenende).
- Eigne dir eine oder zwei einfache Atemtechniken an, die dich beruhigen können.

Ich kann dir wirklich nur empfehlen, tiefer in das Thema einzutauchen, wenn du unter Schlafmangel leidest.

Viele weitere wertvolle Informationen, Atemtechniken und eine vollständige Serie zum Thema "Schlafhygiene", findest du bei den „Zusätzlichen Texten" im Onlinebereich.

Exklusiv
Zusätzliche
Texte

Maßnahme

Nummer Fünf

Bleibe beweglich

Notizen

WILLKOMMEN IM CLUB

Deine Fingerspitzen reichen gerade mal bis zu den Kniescheiben, wenn du dich bei gestreckten Beinen mit dem Oberkörper nach unten beugen möchtest?

Dein Schulterblick im Auto führt zu einer Rotation des gesamten Oberkörpers und löst Atemprobleme aus?

Das Aufstehen vom Boden ist für dich ohne Seilzug fast unmöglich?

Und wer kennt es nicht? Die meisten von uns können ohne fremde Hilfe nicht mehr aus ihrem Porsche aussteigen.

Das Absitzen in eine tiefe Hockposition, wie sie aus dem asiatischen Raum bekannt ist, fällt für dich in die Kategorie der Zirkusakrobatik?

Schon der Gedanke, sich schnell bewegen oder rennen zu müssen, führt bei dir zu Verletzungen?

Bei deiner letzten Physiotherapiebehandlung wurdest du in Positionen gebogen, von denen du dachtest, dass selbst eine rhythmische Sportgymnastin dazu nicht fähig wäre?

Wenn du dich bei einem dieser oben erwähnten Punkte dazuzählen kannst, ist deine Beweglichkeit mit ziemlicher Sicherheit eingeschränkt.

Willkommen in Club!

BEWEGLICHKEIT

An manche Sätze kann ich mich noch gut aus meiner Zeit auf der Sportschule erinnern. Einer davon ist: *"Deine Beweglichkeit bestimmt, wie alt du dich fühlst."*

Die Wahrheit aus diesem Satz kann jeder sicherlich nachvollziehen. Aber "alt und steif" muss nicht sein. Die Beweglichkeit ist eine Fähigkeit, die man sein Leben lang aufrechterhalten kann, ganz unabhängig vom Alter. Das bedeutet, man muss sich nicht aufgrund seines Lebensalters steif und unbeweglich fühlen.

Beweglichkeit lässt sich in zwei Komponenten aufteilen.

1. Mobilität der Gelenke
2. Geschmeidigkeit der Muskeln, Sehnen, Bänder und Faszien

Anmerkung: Wenn ich hier von der Geschmeidigkeit deiner "Muskeln" spreche, meine ich damit auch deine Sehnen, Bänder und Faszien. (Ich benutze das Wort „Muskel" als übergreifenden Begriff, was physiologisch jedoch nicht korrekt ist).

Ein wichtiger Punkt für die Geschmeidigkeit deiner Muskeln haben wir schon besprochen: Dein Wasserhaushalt. Ausgetrocknete Muskeln kann man sich wie ein vertrocknetes Gummiband vorstellen. Ein solches Gummiband ist ganz und gar nicht mehr geschmeidig. Es ist brüchig und dadurch nicht mehr belastbar.

Achtung: Ausgetrocknete Gummibänder neigen wesentlich schneller zum Reißen. Das gleiche gilt auch für deine dehydrierten Muskeln. Das bedeutet, dass man die Gelenke durch Mobilisationsübungen und die Muskeln durch Dehnübungen, sowie auch durch Massagen sehr gut pflegen und bis ins hohe Alter gut in Schuss halten kann.

WIE VIEL BEWEGLICHKEIT MUSS SEIN

Entspann dich. Niemand muss so beweglich sein wie eine Ballerina oder einen Spagat können. Du solltest jedoch definitiv in deinen täglichen Bewegungen nicht durch Defizite in deiner Beweglichkeit eingeschränkt sein. Ich bin mir sicher, wenn du zu denjenigen gehören solltest, die in ihrer Beweglichkeit eingeschränkt sind, dann bist du dir dessen bewusst. Die Frage ist nur, ob du es dir selbst gegenüber so eingestehen willst, dass du anfangen möchtest, etwas dagegen zu tun. Grundsätzlich sollten sich alle Gelenke in ihrer gesamten Bewegungsamplitude (oft wird der Begriff aus dem Englischen verwendet: ROM = Range Of Motion) bewegen können. Das heißt, sie sollten keine Einschränkungen in ihrem Bewegungsumfang haben. Manche Gelenke haben eine größere Bewegungsamplitude, manche eine kleinere. Wenn du dir nicht ganz sicher bist, ob eines deiner Gelenke in seiner Beweglichkeit eingeschränkt ist, kannst du das jederzeit von einem professionellen Trainer oder Therapeuten herausfinden lassen. Wie schon erwähnt, mit hoher Sicherheit kannst du selbst sehr gut einschätzen, ob du steif und unbeweglich bist oder dich geschmeidig wie eine Ballerina fühlst.

PRO DEHNEN

Über das Thema "Dehnen" wird seit jeher immer noch sehr kontrovers diskutiert. Die einen sind dafür, die anderen sind dagegen. Das bedeutet so viel, dass du selbst darüber nachdenken musst, was für dich richtig ist.

Hier ist mein Lieblingsargument Pro-Dehnen: Ich kann dir mit großer Sicherheit jetzt schon sagen, dass wenn du irgendwann zur Therapie gehen wirst, weil du zum Beispiel über Rücken-, Hüft- oder Knieschmerzen klagst, eine der Maßnahmen, die dein Therapeut anwenden wird, "Beweglichkeitstraining" ist! Er wird mit sehr hoher Sicherheit viele verschiedene Techniken anwenden, um dich im Endeffekt einfach nur beweglicher zu machen. Er wird dich auf seinem Behandlungstisch mobilisieren und dehnen.

Warum also warten, bis du beim Therapeuten auf der Bank liegst? Zu diesem Zeitpunkt sind deine Gelenke sowieso schon stark eingerostet. Warum also nicht eine kleine Mobilisations- und Dehnroutine in den Alltag einbauen? Mein Lieblingsargument, warum ich Pro-Mobilisation bin, präsentiere ich dir als Video auf der begleitenden Homepage zum Buch.

Pro Mobilisation
Lieblingsargument: Warum die Gelenke mobilisiert werden sollten

[Du findest das Video in der Videothek bei den „Stretching & Mobilisation" Videos]

WIE KANNST DU ZU HAUSE RICHTIG DEHNEN UND MOBILISIEREN

Es ist wichtig zu verstehen, dass eine Übung (Kräftigung, Dehnung, Mobilisierung, etc.) für eine Person der heilige Gral sein kann, während sie bei einer anderen Person die individuelle Problematik verschlimmern könnte. Für ein auf dich gut abgestimmtes Dehn- und Mobilisationsprogramm solltest du einen professionellen Trainer oder Therapeuten zu Rate ziehen. Trotzdem kann man vorsichtig mit sanften Übungen beginnen und beobachten, wie der Körper reagiert. Ich bin ein großer Fan von kurzen Übungsabfolgen, die man mit der Zeit auswendig lernen kann. Sobald du eine solche Abfolge gelernt hast, hast du unabhängig von Fitnessstudios und Trainern immer ein kleines und sehr sinnvolles Trainingsprogramm zur Hand.

GRUNDSÄTZLICHES FÜR DIE AUSFÜHRUNG EINER ÜBUNG

Die absolute Regel Nr. 1 für die Ausführung aller Übungen ist:

"Schmerz und Anstrengung sind zwei unterschiedliche Gefühle. Eine Übung darf immer anstrengend sein, aber niemals schmerzhaft."

Spüre für dich, wann sich etwas schmerzhaft (stechend, pochend, ausstrahlend, dumpf, etc.) anfühlt oder wann sich etwas anstrengend anfühlt. Schmerz und Anstrengung sind zwei unterschiedliche Gefühle!

Beim Dehnen gibt es jedoch eine kleine Ausnahme. Denn es gibt diesen wunderbar angenehmen "Dehnschmerz". Das ist das Gefühl, welches du oft in den verschiedenen

Dehnpositionen verspürst. Trotzdem gilt es auch hier abzuwägen, ob dieses Dehnschmerz-Gefühl eher in Richtung Schmerz-Schmerz geht oder in die Richtung angenehmer Dehnschmerz.

YOGA

Gerne möchte ich mit dir einen kurzen Abstecher in die Welt des Yogas machen. Ich bin mir bewusst, dass meine Meinung zu Yoga möglicherweise nicht immer im Einklang mit der Yoga-Community steht. Es ist mir jedoch sehr wichtig, diese Ansicht mit dir zu teilen, da sie von großer Bedeutung für deine Beziehung zum Yoga ist. Sie wird dir helfen Yoga so zu ergänzen, dass es für deine Gesundheit noch mehr Sinn macht.

Exklusiv
Zusätzliche
Texte

Du findest diesen kurzen Ausflug in die Welt des Yogas auf der begleitenden Homepage zum Buch in der Sektion „Zusätzliche Texte".

WIE LANGE SOLL ICH EINE DEHNPOSITION HALTEN

Eine gute und häufig gestellte Frage. *„Wie lange soll ich in der Dehnposition halten?"* Ich denke, man sollte sich eher überlegen, welche Dauer in der Position sich zu kurz anfühlt und ab welcher Dauer es überhaupt keinen Sinn mehr macht. Mache es dir nicht zu kompliziert.

Wichtig für mich ist es:

1. Dass du überhaupt dehnst.
2. Dass du so lange in jeder Dehnposition bleibst, wie es dir guttut.

SOLL ICH IN DER DEHNPOSITION HALTEN ODER FEDERN

Kommen wir zu der nächstmeistgestellten Frage. *„Soll ich in der Dehnposition halten oder federn?"* Auch sie ist völlig berechtigt. Grundsätzlich würde ich für alle Leser dieses Buches empfehlen, ruhig und haltend zu dehnen. Du kannst gerne hin und wieder in einer Dehnposition ganz sanft und nach Gefühlslage nachfedern.

Andere Dehntechniken brauchen dich am Anfang nicht zu beschäftigen.

WIE LANGE SOLL ICH EINE MOBILISATIONSÜBUNG AUSFÜHREN

Natürlich gilt auch hier zuerst unsere Schmerz-Grundsatzregel. Auch kann es bei Mobilisationsübungen vorkommen, dass es im Gelenk „knackst" und „knirscht" wie in einem alten Fachwerkhaus.

1. Führe die Mobilisationsbewegung mindestens 5-8-mal aus, gerne auch öfter.
2. Knackst es im Gelenk, dann versuche die Bewegung zum Beispiel in die andere Richtung auszuführen oder einen anderen Winkel einzunehmen. Die Bewegung, bei der es knackst, bitte vermeiden.

Es macht einen Unterschied, ob ein Gelenk bei einer Bewegung hin und wieder mal knackst oder ob es wirklich jedes Mal knackst, wenn du die Bewegung ausführst. Zweiteres würde ich beim nächsten Arztbesuch ansprechen und kontrollieren lassen.

Hier ist ein weiterer Grund, warum ich ein großer Fan von kleinen Übungsabfolgen bin: Sobald du eine Dehn- und

Mobilisationsabfolge für dich herausgefunden und einstudiert hast, wird sie maximal drei bis fünf Minuten deiner Zeit in Anspruch nehmen. Außerdem ist somit auch gesichert, dass du sie selbstständig und jederzeit überall ausführen kannst.

TRAINIERE MIT MIR

Obwohl du jetzt weißt, dass sich jede Übung bei jeder Person unterschiedlich auswirkt, möchte ich dich dennoch bei der Suche nach geeigneten Dehn- und Mobilisationsübungen nicht allein lassen.

Wichtig ist, dass du bei jeder Übung die Regel Nr. 1 „Schmerz und Anstrengung sind zwei unterschiedliche Gefühle" berücksichtigst.

Über die QR-Codes gelangst du zu Videos in der Onlinevideothek. Sie sind dafür gemacht, dass du sie so lange mit mir mittrainierst, bis du sie auswendig kannst. (www.ROBSTR.de/buch-fmmkaa-exklusiv)

Wir werden jeweils eine Stretch- und Mobilisationsübungsabfolge in Rückenlage auf dem Boden durchführen, eine weitere Übungsabfolge sitzend auf einem Stuhl und eine Abfolge im Stehen.

Zusätzlich erhältst du eine „All in One" Stretch- und Mobilisationsabfolge. Diese ist für mich so wertvoll, da sie in einer Abfolge alles berücksichtigt. Du kannst dir sicher sein, nach dieser Abfolge alle wichtigen Strukturen gedehnt und mobilisiert zu haben. Man kann sie überall und ohne Hilfsmittel durchführen.

Los geht´s.

STRETCHING UND MOBILISATION IM LIEGEN

Hilfsmittel: Stretchgurt, Spanngurt oder Gürtel

[Du findest das Video in der Videothek bei den „Stretching & Mobilisation" Videos]

STRETCHING UND MOBILISATION IM SITZEN

Hilfsmittel: Stuhl oder Hocker

[Du findest das Video in der Videothek bei den „Stretching & Mobilisation" Videos]

STRETCHING UND MOBILISATION IM STEHEN

Hilfsmittel: Möglichkeit zum Festhalten

[Du findest das Video in der Videothek bei den „Stretching & Mobilisation" Videos]

STRETCH- UND MOBILISATIONSABFOLGE „ALL IN ONE"

Hilfsmittel: Keine

[Du findest das Video in der Videothek bei den „Stretching & Mobilisation" Videos]

TIPPS ZUR UMSETZUNG

Selbst eine kurze Übungsabfolge kann dir am Anfang schon viel zu lange vorkommen. Wenn das bei dir so ist, breche die komplette Abfolge in einzelne Schritte herunter. Suche dir eine der Dehn- oder Mobilisationsübungen aus und wiederhole diese öfter in der Woche. Füge Übungen hinzu oder ersetze sie ganz nach deinem Geschmack. Wichtig ist es, dass du mit den Übungen anfängst, die dir am meisten liegen. So schaffst du es wesentlich besser, diese Übungen in deinen Tag einzubauen.

TIEF IM HERZEN

Der Tag ist jung und die Skifahrer machen die erste Liftfahrt zur Gipfelstation. Dort oben tummeln sich schon die Alpinsportler und sind bereit für die Abfahrt. Am Rande des Geschehens steht eine Gruppe Snowboarder im Kreis und „hampelt" herum. Nein, sie hampeln nicht herum, sie machen sich warm. Sie dehnen sich, mobilisieren sich, aktivieren ihre Muskulatur und bereiten sich so auf die erste Abfahrt vor. Vor allem sieht es so aus, als ob sie dabei sogar noch Spaß hätten. Obwohl sie von vielen anderen Skifahrern um sie herum belächelt werden, bin ich mir ziemlich sicher, dass ganz tief im Herzen jeder dieser Skifahrer denkt: *„Die machen es genau richtig!"* Es ist das Normalste der Welt, sich vor einer körperlichen Betätigung aufzuwärmen. Den Körper aufzuwecken und vorzubereiten. Niemand lacht über den Fußballer, der sich vor seinem Einsatz aufwärmt. Niemand lacht überhaupt über einen Sportler, der sich vor seiner Belastung warm macht. Auch nicht über einen Skisportler vor seinem Training oder Rennen.

DER ZUSAMMENHANG MACHT ES AUS

Das Problem ist, dass wir in bestimmten Situationen den Zusammenhang nicht sehen, beziehungsweise nicht verstehen. Der „konservative Skifahrer" versteht zwar schon, dass man sich vor dem Sport aufwärmen sollte, doch hier oben an der Gipfelstation sind wir doch nicht bei einem Wettbewerb. Hier sind wir doch zum Freizeitspaß. Hier wedeln wir doch nur ganz locker den Berg hinunter.

Sich vom Kontext einer gerade passierenden Situation lösen zu können und eine andere Perspektive einzunehmen, ist eine hohe Kunst. Noch einmal, der „konservative Skifahrer" ist sich der Sinnhaftigkeit eines Aufwärmtrainings zwar bewusst, er sieht sich gerade nur nicht in einer Situation, ein solches Aufwärmen auszuführen. In dieser Situation sieht er den Zusammenhang nicht. Er sieht es nicht als normal an.

Es macht total Sinn, diese Perspektive auf deinen Arbeitstag einzunehmen. Denn vor dir liegt ein arbeitsintensiver Tag, bei dem du körperlich viel leisten musst. Warum sollte eine körperlich hart arbeitende Person sich nicht aufwärmen dürfen? Warum sollte sie sich nicht vor und während der körperlichen Belastung mobilisieren oder dehnen dürfen?

Hast du dir diese Fragen schon mal gestellt? Ich würde sagen, die Antwort ist offensichtlich.

Wir machen es nur nicht, weil es nicht „normal" ist. Weil es keiner macht. Weil es bisher noch niemand gemacht hat. Das sind doch die eigentlichen Gründe, warum wir es nicht machen. Wie bei „Die Zigarettenpause und die gesellschaftliche Akzeptanz" am Anfang des Buches beschrieben. Erinnere dich, würde das Wort „Profi" vor deinem Berufstitel stehen, wäre ein „Aufwärmtraining" vor deinem Arbeitsbeginn völlig normal. Es wäre sogar verlangt und ein Muss. Jeder Profi startet sein Training mit einem Aufwärmprogramm. Es gibt keinen einzigen Profisportler, der in den Wettkampf oder in sein Spiel einsteigt, ohne sich aufgewärmt zu haben.

Niemand außer dir entscheidet, ob bei deiner Berufsbetitelung das Wort Profi davorsteht oder nicht. Nur du entscheidest, was für dich „normal" ist und was nicht. Du kannst es jederzeit schaffen, die Perspektive zu wechseln und dich aus dem gewohnten Kontext rauszunehmen.

WAS FÜR EINE GUTE IDEE

Eines der Hauptziele dieses Buches ist es, dir zu vermitteln, dass du für deine Gesundheit keineswegs zusätzliche, übermäßige körperliche Anstrengungen unternehmen musst. In einem guten Gespräch mit einem meiner besten Freunde fand ich jedoch heraus, dass es auch viele Menschen gibt, die trotz ihres anstrengenden Arbeitstags gerne zusätzliche "Bewegung" für ihre Gesundheit in Betracht ziehen würden, um fit und beweglich zu bleiben.

Er ist seit über 30 Jahren Zimmermann. Er betreibt seine eigene Zimmerei mit Angestellten. Er hat praktisch sein gesamtes Arbeitsleben auf Hausdächern, Baustellen und in Werkstätten verbracht. Sein Körper musste und muss immer noch vielen Belastungen standhalten. Natürlich ist er sich der körperlichen Beschwerden bewusst, die seine Mitarbeiter und Kollegen oft plagen. Er betonte im Gespräch öfter, dass viele seiner Mitarbeiter zweifellos Interesse an Rückentrainingsübungen hätten. Für mich also Anlass genug, hier ein schonendes Kräftigungsprogramm für einen gesunden Rücken vorzustellen.

SANFTES KRÄFTIGUNGSTRAINING FÜR DEN RÜCKEN UND RUMPF

Hilfsmittel: Keine

Zuerst erkläre ich dir wichtige Übungen im Einzelnen, damit du sie richtig ausführen kannst. Ich werde dir zeigen, was bei diesen Übungen wichtig ist, was man vermeiden sollte und wie sie richtig ausgeführt werden.

Dann erhältst du zusätzlich noch alle Übungen als komplette Trainingsabfolge zum Mittrainieren. Das heißt, du kannst jederzeit dieses Video verwenden, um mit mir gemeinsam ein sanftes Rückentraining zu absolvieren.

Ein Durchgang dieser Übungsabfolge wird sechs Minuten dauern. Ich überlasse es dir, ob du sie ein-, zwei- oder dreimal nacheinander durchtrainierst. Höre dabei auf deinen Körper. Diese Übungsabfolge soll dir eine Hilfe sein, ins Rückentraining einzusteigen und ab sofort eine sehr gute Trainingsoption für zu Hause zu haben. Am besten mehrmals pro Woche

Nichts sollte dich aufhalten können, eine sechsminütige Übungsabfolge durchzutrainieren. Sie würde selbst in eine Werbepause beim Fernsehen reinpassen. Man kann sie wunderbar am Tagesanfang einbauen. Am besten gemeinsam mit einer kurzen Dehn- und Mobilisationsabfolge oder auch einer Eigenmassage (siehe Maßnahme 6). In nur 10 – 15 Minuten hättest du schon viel für deine Gesundheit getan.

EINZELNE ÜBUNGEN UND KRÄFTIGUNGSPROGRAMM

Kräftigung
Einzelübungen und Kräftigungsprogramm

[Du findest die Videos in der Videothek bei den „Kräftigung" Videos]

Die Übungen sind so gewählt, dass du keinerlei Hilfsmittel dafür benötigst. Alle Übungen sind elementar für ein ganzheitliches Trainingsprogramm.

Über den exklusiven Bereich auf der begleitenden Homepage zum Buch, kannst du mir jederzeit eine persönliche Nachricht zukommen lassen (Schreibe dem Autor), wenn du zum Beispiel mit einer Übung Probleme haben solltest oder eine Alternativübung benötigst.

111

Maßnahme

Nummer Sechs

Bleibe geschmeidig

Notizen

ICH FÜHLE MICH SUPER

Wenn die schnellsten Männer der Welt an der Startlinie der 100-Meter-Bahn im Finale der Olympischen Spiele stehen und sich für den Lauf ihres Lebens vorbereiten, wird sicherlich nicht der gewinnen, der sich in diesem Moment scheiße fühlt. Jedoch derjenige, der sich in diesem Moment in seinem Körper super fühlt, steigert seine Chancen, dieses Rennen zu gewinnen. Das habe ich oft bei 100-Meter-Rennen beobachten können, an denen Usain Bolt mitgelaufen ist. Einer der absolut schnellsten Männer der Welt. Bekannt durch seine „Lightning Bolt" Körperposition. An der Startlinie stehen neben Usain Bolt neun weitere Weltklasseläufer, die alle gewinnen könnten. Was Usain Bolt aber von den anderen unterscheidet, ist, dass er so aussieht, als ob er sich einfach super in seinem Körper fühlt. Er ist bereit, das Rennen klar zu gewinnen. Er ist bereit, die Gegner zu pulverisieren. Nein, er ist sich sicher, dass er das Rennen gewinnen wird. Er fühlt sich einfach fantastisch.

Wer sich in seinem Körper super fühlt, wird immer eine bessere Leistung bringen können. Natürlich nicht nur beim Sport. Bei allen Dingen die du den ganzen Tag über tust. Fühlt sich dein Körper gut an und fühlst du dich wohl in deinem Körper, wirst du in allen Bereichen besser abschneiden. Du hast dadurch einfach schon mal etwas wie ein „Gutes-Körpergefühl-Grundrauschen" in dir, auf dem alles andere aufbaut. Es gibt ein Hilfsmittel, welches dir helfen kann, so ein Körpergefühl zu erreichen. In meinen über 20 Jahren als Fitnesscoach habe ich tausende Menschen trainiert. Mein Erfahrungsschatz ist sehr umfangreich. Manche Sportler sind im Training „On Fire" und voll motiviert, manche haben absolut keine Lust darauf.

Du wunderst dich, wann es der Fall ist, dass jemand ins Training kommt, aber gar keine Lust darauf hat?

So etwas kommt zum Beispiel vor, wenn jemand vom Arzt ein Rehabilitations- oder Präventionstraining verordnet bekommt. Oder es kommt vor, wenn sich jemand etwas gedrängt fühlt, bei einem Firmensportangebot mitzumachen, um nicht von den Kollegen ausgegrenzt zu werden. Auch kennen wir alle den „Hardcore-Sport-Verweigerer". Die findest du freiwillig nicht in einem Bewegungsangebot. Sie sind vielleicht von ihrer Ehefrau oder Ehemann dort hingeschickt worden. Auch solche habe ich schon in meinen Trainings vor mir gehabt. Es ist aber auch völlig menschlich und normal, wenn ein Sportler an einem Tag einfach keine Lust hat zu trainieren. Doch in all den hier beschriebenen Fällen, kann man es mit einem einfachen Hilfsmittel erreichen, die Perspektive der „Ich-habe-keinen-Bock-Sportler" zu ändern.

Wir erinnern uns noch an mein Erlebnis, dass mir die Realität eines körperlich hart arbeitenden Menschen vor Augen geführt hat. Nach nur einem langen Arbeitstag, um eine Terrasse zu renovieren, war ich abends völlig erschöpft und fertig. Ich bin mir sicher, dass es den meisten Lesern dieses Buches genauso geht. Sie sind nach einem harten körperlichen Arbeitstag platt. Sie sind erschöpft, energielos und haben keinen Bock mehr, die Sporttasche zu packen und ins Training zu gehen.

Wie wäre es aber mit einer Massage?

DER MASSEUR FÜR ARME LEUTE

Wie wundervoll wäre es, jeden Tag nach der Arbeit eine sanfte Massage zu erhalten? Genauso wie im Leben eines Profisportlers. Eine wohltuende Massage, damit der Körper entspannen kann und dadurch leichter und effektiver die über den Tag im Körpergewebe angesammelten Abfallprodukte abtransportiert. Was für ein angenehmes Körpergefühl es nach so einer Massage doch wäre. Beziehungsweise wie gut man sich in seinem Körper fühlen würde. Nicht wahr? Und nicht nur das, außerdem hättest du mit dieser Massage auch Verhärtungen in der Muskulatur gelöst, eine bessere Beweglichkeit erreicht und unter anderem auch die Gefäße trainiert, damit das Blut besser fließen kann. Freu dich! Du musst kein Profisportler sein, um in den Genuss einer solchen Massage zu kommen.

Und zwar mit dem „Masseur für arme Leute". Jedenfalls bezeichne ich die Rolle zur Eigenmassage gerne so. Hier in Deutschland und sicherlich in ganz Europa hat sich der Begriff „BlackRoll" durchgesetzt. Diese BlackRoll besteht aus einem schaumstoffartigen Material und ist zur Eigenmassage gedacht. Doch bevor die Masseure dieser Welt mit Recht protestieren: Natürlich ist eine manuelle Massage von einem Masseur immer besser als die Eigenmassage mit der BlackRoll. Das führt uns aber wieder zu dem Punkt, dass die wenigsten von uns die nötigen Mittel haben, um sich einen eigenen Masseur täglich leisten zu können. Mit diesen fehlenden finanziellen Mitteln könnte man die Massage jetzt entweder abhaken oder sich etwas anderes einfallen lassen. Etwas, was ohne großen finanziellen und körperlichen Aufwand umzusetzen ist. Das führt uns direkt zur Eigenmassage mit der BlackRoll.

DIE EIGENMASSAGE MIT DER BLACKROLL

Grundsätzlich kannst du die Eigenmassage mit der Black-Roll mit einer sanften Massage vergleichen. Dennoch solltest du für dich klären, ob du einen ärztlichen Rat einholst oder nicht. Die folgend erwähnten Voraussetzungen werden dir dabei helfen diese Entscheidung zu treffen. Außerdem kann man sich immer überlegen, welche Krankheiten oder Verletzungen ein Mensch haben müsste, damit der Arzt selbst von einer sanften Massage abraten würde.

VORSICHT

Sei grundsätzlich bitte immer vorsichtig bei folgenden Voraussetzungen. Sollte etwas davon auf dich zutreffen, hole dir auf alle Fälle den persönlichen Rat eines Experten, bevor du mit der Eigenmassage beginnst:

- Krampfadern
- Verletzungen und entzündete Bereiche
- Osteoporose, Gleitwirbel und Bandscheibenvorfall (Was so viel bedeutet, bitte sehr vorsichtig sein, wenn du deiner Oma die BlackRoll empfiehlst. Es ist ein Unterschied, ob ein junger Erwachsener oder ein Senior mit der BlackRoll arbeitet.)
- Hautinfektionen
- Blutgerinnungsstörungen
    - Wenn du diese hast, solltest du das eigentlich wissen.
- Wenn du nach der Eigenmassage zu "blauen Flecken" neigst, gehe bitte zum Arzt.
- Wenn du Blutverdünnungsmedikamente nimmst
- Herzerkrankungen

- o   Falls du blutverdünnende Medikamente einnimmst, liegt das sehr nahe.
- Schwangerschaft
- Grundsätzlich bei allen Verletzungen, Wunden, frischen Narben, Krankheiten und körperlichen Zuständen, die dich zweifeln lassen, eine Eigenmassage mit der BlackRoll durchzuführen

Was auch noch berücksichtigt werden sollte, ist, dass du bei der Eigenmassage mit der BlackRoll immer wieder Positionen einnimmst, die du die letzten 10 Jahre nicht mehr eingenommen hast. Das bedeutet, dass dein Körper durch diese ungewohnten (Stütz-) Positionen und Gelenkstellungen unter Belastung steht. Gelenke, Muskeln und Co. werden dadurch teilweise ungewöhnlich stark beansprucht und können anschließend schmerzen. Jedoch nicht von der Eigenmassage, sondern von den ungewohnten Positionen. Das kann dir das Gefühl vermitteln, dass so eine Eigenmassage ganz schön anstrengend sein kann. Außerdem, wenn du zu den Menschen gehörst, die fünf Minuten Eigenmassage mit der BlackRoll als körperlich anstrengend empfinden, musst du definitiv anfangen etwas für dich zu tun! Vermeide bitte auch, direkt über Knochen und Gelenke zu rollen.

WIE SCHNELL, WIE STARK, WIE LANGE

Jeder Neueinsteiger fragt sich ganz sicher früher oder später folgende Fragen:

- Wie lange sollte ich einen Bereich massieren?
- Wie hart oder sanft sollte die Massage sein?
- Wie schnell sollte ich die BlackRoll bewegen?
- In welche Richtung soll ich rollen?

Das sind natürlich alles berechtigte Fragen. Wenn du jedoch keine der erwähnten Voraussetzungen auf dich zutreffen, sollten dich diese Fragen nicht davon abhalten, mit der Eigenmassage anzufangen. Du bist nur wenige Klicks vom Kauf einer Rolle zur Eigenmassage entfernt. Es gibt sie von vielen Anbietern und zu verschiedenen Preisen. Wenn ich nach einem Produkt zur Eigenmassage suche, fange ich immer erst bei BlackRoll direkt an. Seit 2009 arbeite ich erfolgreich mit den BlackRoll-Produkten und bin mehr als zufrieden. Welche Black-Roll-Produkte ich absolut empfehle, findet ihr auf der begleitenden Homepage zum Buch.

ROBSTR
Empfehlungs-
Shop

ROLLE MIT MIR

Bilder sagen mehr als Worte. Vor allem bewegte Bilder. Auf der begleitenden Homepage zum Buch, findest du bei den Videos die Möglichkeit mit mir zu rollen. Schnappe dir dein Laptop oder dein Handy, auf alle Fälle deine BlackRoll und suche dir einen Ort, an dem du genügend Platz zum Rollen hast.

In einem der Videos werde ich eine komplette Eigenmassage-Basisabfolge durchgehen. Außerdem erfährst du in einem anderen Video, wie du die Intensität beim Rollen variieren kannst und welche weiteren Eigenmassage-Tools es gibt und wofür sie gut einzusetzen sind. Zusätzlich wirst du noch Tipps bekommen, wie man die Rolle „zweckentfremden" kann, um andere, sehr hilfreiche Übungen mit ihr durchzuführen.

TIPPS ZUM ROLLEN UND WEITERE EIGENMASSAGE-HILFSMITTEL

In diesem Video erhältst du grundlegende Tipps zur Eigenmassage mit der BlackRoll. Außerdem erhältst du Informationen zu weiteren hilfreichen Eigenmassage-Hilfsmitteln und deren Anwendungsmöglichkeiten. Ich würde mich freuen, wenn ich mit diesem Video deine ersten Fragen gleich klären kann.

Wenn du mehr Fragen zum Thema „Eigenmassage" hast, nutze gerne die Möglichkeit, mich persönlich über die begleitende Homepage anzuschreiben.

[Du findest die Videos in der Videothek bei den „Eigenmassage" Videos]

EIGENMASSAGE BASISABFOLGE

In diesem Video trainiere ich in Echtzeit eine komplette Eigenmassage-Basisabfolge durch. Du bist also jederzeit eingeladen, mit mir gemeinsam zu rollen.

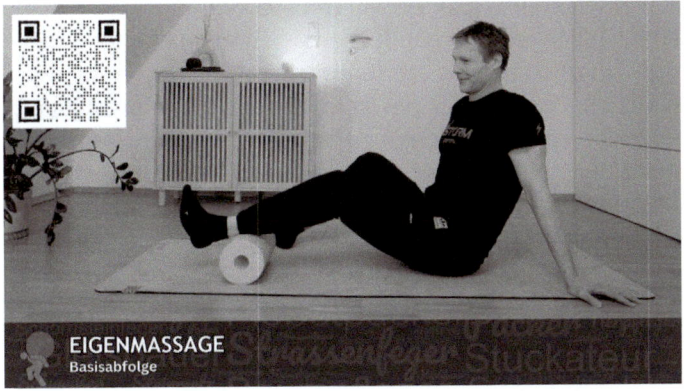

[Du findest die Videos in der Videothek bei den „Eigenmassage" Videos]

TIPPS ZUR UMSETZUNG DER EIGENMASSAGE

Wenn dir die komplette Basis-Massageabfolge zu lange dauert, fange einfach nur mit einer Körperpartie an. Verbringe ein bisschen Zeit mit der Rolle und massiere dir zum Beispiel nur die Waden. Füge mit der Zeit weitere Körperpartien hinzu.

ZWECKENTFREMDUNG DER MASSAGEROLLE

Wie du in dem Video zur „Zweckentfremdung mit der Rolle" sehen kannst, gibt es weitere Einsatzmöglichkeiten mit der Rolle. Du kannst die BlackRoll nicht nur zur Eigenmassage einsetzen, du kannst sie auch wunderbar als Trainingshilfsmittel bis hin zum Blumenvasenständer verwenden. Außerdem eignet sie sich sehr gut als Hilfsmittel im Training, um andere Übungen effektiver zu gestalten. Ich persönlich nutze die BlackRoll sehr gerne als „Schemel". Wer nicht weiß, was ein Schemel ist, darf sich einen kleinen Hocker vorstellen oder eine kleine Fußbank. Auf jeden Fall handelt es sich um ein kleines, niedriges Sitzmöbel. Das ist für mich so wichtig, weil man damit die Position der tiefen Kniebeuge einnehmen kann, ohne die Gelenke zu stark zu belasten. Ich bin fest davon überzeugt: Hätte Herr Neumann täglich mehrmals die tiefe Kniebeugeposition eingenommen, wäre er beweglich genug gewesen, um ohne fremde Hilfe aufstehen zu können.

Siehe dazu auch gerne nochmal das Video zu meinem Lieblingsargument „Pro-Mobilisation" an (Maßnahme 5).

WEITERE ÜBUNGEN MIT DER BLACKROLL „ZWECKENTFREMDUNG"

[Du findest die Videos in der Videothek bei den „Eigenmassage" Videos]

Maßnahme

Nummer Sieben

Programmiere dein Betriebssystem

Notizen

RÜCKBLICK AUF MASSNAHME NUMMER 1

Du weißt jetzt, dass die Lebensmittel, welche du isst und trinkst, die Baustoffe deiner Körperzellen sind. Isst du hauptsächlich Lebensmittel aus der Kategorie "Scheißdreck", werden alle deine Körperzellen auch aus diesem Scheißdreck bestehen.

Diese Perspektive lohnt sich auch auf deine Gedanken anzuwenden.

Du fütterst deinen Zentralrechner zwischen den Ohren, dein Gehirn, mit den Informationen, die du den ganzen Tag aufnimmst. Deine Gedanken können somit nur aus dem Informationsmaterial bestehen, welches du seit dem Tag deiner Geburt aufgenommen hast. Genauso wie die Lebensmittel die Baustoffe deiner Körperzellen sind, sind Informationen die Bausteine deiner Gedanken. Du baust das, was du denkst, aus diesen Informationen zusammen.

> *„Deine Gedanken sind das Material, aus dem der Denker, der sie denkt, besteht."*
>
> Robin Müller-Schober

Der Denker bist du!

Doch obwohl du zwar der Denker deiner Gedanken bist, bist du dennoch reduziert auf das verfügbare Gedankenmaterial in deinem Gehirn. Aus diesem Material baust du dir dein eigenes Bild von der Welt auf. Dieses Material formt deine Ideologien, deine Werte, deine Glaubenssätze, dein Ego! Ist das nicht krass! Stellt sich da nicht die Frage: *„Wer bin ich?"*

Anmerkung: Mir persönlich macht es Spaß, sich mit solchen Gedanken zu beschäftigen. Denn wer ist denn nun der Denker, wenn der Denker doch auch nur aus den Gedanken besteht, die ausschließlich von externen Informationen aufgenommen wurden? Wenn auch dich solche Fragen interessieren, empfehle ich dir Jiddu Krishnamurti. Auch zu ihm findest du eine Buchempfehlung auf der begleitenden Homepage zum Buch.

Exklusiv
Literatur
Empfehlung

Man kann sich ohne Probleme den ganzen Tag mit Informationen füttern und von ihnen beeinflussen lassen, die zum großen Teil genauso aus Scheißdreck bestehen.

Bei Maßnahme Nummer 1 haben wir uns die Frage gestellt, wie wohl dein Berg aus Lebensmitteln aussehen würde. Jetzt kannst du dir die Frage stellen, wie dein Berg aus Informationen wohl aussehen würde.

DEIN BETRIEBSSYSTEM

Die wohl wichtigste Maßnahme kommt zum Schluss. Sie ist für mich so wichtig, da alle vorherigen Maßnahmen von ihr abhängig sind. Denn sie sind alle abhängig von deiner Einstellung. Alles ist abhängig von den bereits erwähnten Denkstrukturen, von den Denkmustern, die du dir dein Leben lang aufgebaut hast. Sie bilden deine Einstellung. Niemand kann sich diesem automatischen Prozess entziehen.

Diese Denkmuster kannst du als dein eigenes „Betriebssystem" bezeichnen, ähnlich wie bei einem Computer, jedoch in deinem Kopf. Das Betriebssystem eines Computers spielt bei der Steuerung aller Rechenprozesse eine große Rolle. Von diesem Betriebssystem hängen alle Entscheidungen des Computers ab.

Bei uns Menschen funktioniert das ungefähr wie folgt: Über deine Wahrnehmungsorgane, wie zum Beispiel deine Ohren und Augen, nimmst du Daten aus deiner Umgebung auf. Diese Daten werden dann von deinem Betriebssystem verarbeitet, welches daraus das Bild von deiner Welt erstellt. Du siehst deine Welt also nicht so, wie sie wirklich ist, sondern so, wie sie von deinem Betriebssystem für dich aufbereitet wurde.

Die originalen Daten deiner Augen und Ohren werden sofort durch dein Betriebssystem geschickt, dass wie ein Filter wirkt. Du siehst die Dinge also nie, wie sie wirklich sind. Du siehst sie immer nur gefiltert.

Stell dir folgende Frage und du wirst das Prinzip verstehen: *„Warum schauen zwei Menschen auf eine Blume und reagieren jedoch verschieden darauf?"* Alle vier Augen sehen doch genau die gleiche Blume. Beide nehmen die absolut gleichen Rohdaten der Blume auf. Das sie verschieden reagieren, kann also nur mit deren individueller Filter (Betriebssystem) zu tun haben.

Weitere Beispiele? Bitte schön:

Jemand, der eine Sommerparty plant, sieht den herunterprasselnden Regen als seinen Feind. Ein Landwirt, der gerade eine lange Trockenperiode durchsteht, sieht den Regen als seinen Freund.

Jemand, der Liebeskummer hat, hört das melancholische Lied im Radio und ist traurig. Jemand, der gerade auf der Autobahn gestresst zum nächsten Termin hetzt, eher nicht.

Jemand, der schon einmal von einem Hund gebissen wurde, wird bei jedem Hundekontakt ängstlich sein. Jemand, der sein Leben lang mit Hunden verbracht hat, eher nicht.

> *„Wir sehen die Dinge nicht so, wie sie sind,*
> *wir sehen die Dinge so, wie wir sind."*

Anaïs Nin

Oft leiden die Menschen unter deren aufgebauten Denkstrukturen, nicht nur psychisch, sondern auch körperlich. Diese Denkstrukturen „umzuprogrammieren" ist für mich eine der wichtigsten Aufgaben und wird uns alle ein ganzes Leben lang begleiten.

Was mir enorm geholfen hat, sind Bücher, Podcasts und Vorträge. Mir ist vollkommen bewusst, dass nicht jeder da draußen eine Leseratte ist, trotzdem habe ich einen Tipp. Der Büchermarkt für persönliche Weiterentwicklung ist unendlich groß. Es gibt so viele Bücher und man weiß nicht, wo man anfangen soll. Ich schlage vor, wir fangen beim eigenen Betriebssystem an. In meinem Blog auf ROBSTR.de findest du sehr viele Artikel, die sich damit beschäftigen.

Über Tim Ferris, einen bekannten Autor und Podcaster, habe ich den Begriff „Betriebssystem" dafür aufgeschnappt.

BUCHTIPP

Ich möchte dir das Buch „Der tägliche Stoiker" („The Daily Stoic") von Ryan Holiday und Stephen Hanselman empfehlen.

ROBSTR
Empfehlungs-
Shop

Bevorzuge bitte immer den Weg in die lokale Buchhandlung deines Vertrauens, ansonsten findest du alle Buchempfehlungen in meinem Empfehlungsshop.

Wenn du der englischen Sprache mächtig bist, empfehle ich auf jeden Fall die originale Version in Englisch. Nicht nur, weil das Buch günstiger ist (ich bin ja Schwabe), sondern weil ich die deutsche Übersetzung etwas „holprig" finde. Natürlich kommt der Inhalt des Buches auch in der deutschen Version gut rüber, aber in Englisch liest es sich für mich besser.

Das Format des Buches ist sehr angenehm für Menschen, die nicht gerade zu den Bücherwürmern gehören. Für jeden Tag im Jahr ist eine Seite vorgesehen. Das bedeutet, dass die tägliche Lesezeit dafür maximal eine Minute beträgt.

Diese tägliche kleine Dosis wird dir enorm helfen, neue Perspektiven aufzubauen und dir die Möglichkeit geben, dein Betriebssystem umzuprogrammieren.

Die Weisheiten der alten Stoiker und Philosophen kann man wunderbar auf die Probleme der heutigen Zeit übertragen. Und genau darin ist der Autor, Ryan Holiday, ein Genie.

Jeder Tag beginnt mit einem Zitat von Marcus Aurelius, Socrates, Epiktet und Co. Die meisten von uns, mich eingeschlossen, können jedoch leider mit solchen Zitaten nicht viel anfangen. Doch unter dem Zitat findest du eine Interpretation des Autors. Diese ist fast immer so genial geschrieben, dass jeder von uns damit etwas anfangen kann.

PERSÖNLICHE WEITERENTWICKLUNG ODER TOT

Leben bedeutet für mich, in Bewegung zu bleiben. Nur wer sich bewegt, lebt. Andersherum, wer sich nicht mehr bewegt, ist tot. Aber wie wenig Bewegung bedeutet bereits tot zu sein?

Das könnte man daran festmachen, wie zufrieden du mit deinem jetzigen Leben und deiner aktuellen Situation bist. Dazu sollte man anfangen, sich selbst zu reflektieren und sich über sich selbst Gedanken zu machen. Genau davor fliehen aber die meisten Menschen. Wir beschäftigen uns lieber mit allem anderen als mit uns selbst. Im Endeffekt nutzen wir die Beschäftigung, um uns vor der Konfrontation mit uns selbst zu verstecken.

Wenn du jedoch nach einer gewissen Selbstreflexion der Meinung bist, dass es dir eigentlich besser gehen sollte, dass so manches in deinem Leben nicht stimmt, dann muss Bewegung in dein Leben reinkommen. Stehenzubleiben bedeutet, den gleichen unerwünschten Zustand beizubehalten. Also bleibt dir gar nichts anderes übrig, als dich zu bewegen! Dabei hilft kein weiterer Post auf Instagram, auch nicht das nächste Video auf TikTok, kein Bingen der nächsten Staffel und kein weiteres Videospiel zocken. Nur persönliche Weiterentwicklung kann dir dabei helfen! Entweder persönliche Weiterentwicklung oder ein gewisser Zustand von Tod.

Epilog

„There is a choice you have to make in everything you do, but keep in mind that in the end the choice you make makes you."

John Wooden

Aus dem Englischen übersetzt:

"Bei allem, was du tust, musst du eine Wahl treffen. Aber bedenke, dass diese Wahl, dich zu dem macht, der du bist."

Ich bedanke mich, dass du das Buch bis hier gelesen hast. Meine Mission für dieses Buch war es, so wenig wie möglich zu schreiben, aber dann doch wiederum so viel, dass es dich inspirieren wird, Bewegung in dein Leben zu bringen. Ein Buch solcher Art könnte endlos sein. Das Internet ist voll mit tollen Tipps und Tricks. Wichtig ist nur, dass du anfängst.

Ich bin zwar leidenschaftlicher Fitness- und Gesundheitscoach, aber bestimmt kein Gesundheitsapostel. Das Leben soll gelebt werden. Trotzdem sollte man, egal wie alt man ist, einen gewissen „Lifestyle" ablegen, beziehungsweise einen anderen „Lifestyle" aufnehmen. Leider ist das eine Tatsache und eine Entscheidung, die man oft sehr spät selbst erkennt. Meist erst zu einem Zeitpunkt, wo sich dieser Lifestyle über die Jahrzehnte so verfestigt hat, dass ein Ablegen dessen fast unmöglich ist.

Ich sehe und kenne genug Menschen, die es nicht geschafft haben, ihren Lifestyle, den viele von uns im Alter zwischen 15 – 30 Jahren gelebt haben, abzulegen. Bei spätestens 50 Jahren angekommen, haben sie enorme gesundheitliche Probleme.

Deren Betriebssystem hat mittlerweile unglaublich viele gesundheitsschädigende Programmierzeilen aufgenommen. Trotzdem ist ein Ansatz über die in diesem Buch vorgeschlagenen Maßnahmen immer möglich. Und nur derjenige, der die Programmierzeilen des Betriebssystems geschrieben hat, kann sie auch umprogrammieren. Der Programmierer deines Betriebssystems bist du! Es ist niemals zu spät anzufangen.

Warum sollte „alt" mit „krank" in Verbindung gebracht werden? Warum sollte „alt" mit „steif" in Verbindung gebracht werden? Warum sollte „alt" mit „schwach" in

Verbindung gebracht werden? Warum sollte „alt" mit „müde" in Verbindung gebracht werden? Warum?

Warum sollte ein 70-Jähriger täglich keine 100 Liege-stütze und 10 Klimmzüge machen können? Warum sollte ein 80-Jähriger keinen 5 km-Lauf joggen können? Warum sollte ein 90-Jähriger nicht noch viele Kilometer mit dem Fahrrad fahren können? Warum nicht?

Ist das nicht Lebensqualität?!

Merkst du was? Das sind einfach nur alte, eingefahrene Denkstrukturen, die uns schon immer so eingeredet wurden.

Auch höre ich immer wieder: *„Ach Robin, du mit deinen Gesundheitsmaßnahmen. Ich will doch keine 100 Jahre alt werden".*

Darum geht es auch nicht. Falls du doch 100 Jahre alt werden solltest, herzlichen Glückwunsch. Es geht mir bei den Gesundheitsmaßnahmen darum, dass du dich mit 50 Jahren noch nicht so fühlen solltest, als ob du 100 Jahre alt wärst! (Eigentlich dürfte ich mich gar nicht so ausdrü-cken, denn dadurch verwende ich ja genau die Denkmus-ter, die ich ablegen will – 100 Jahre = Schlechtfühlen). Aber ich hoffe, so versteht jeder, was ich meine.

Das, Ladies and Gentlemen, ist Lebensqualität!

Ich will heute aus dem Bett aufstehen können und Bäume ausreißen! Ich will heute mit meinen Kindern oder Enkel-kindern spielen. Ich will heute das Leben genießen.

Auch geht es nicht darum, dass wir keine Liegestütze mehr machen können, weil wir alt sind. Nein, ganz im Gegenteil! Wir fühlen uns alt, weil wir aufgehört haben Liegestütze zu machen.

Nichts, was wertvoll ist, fällt einem in den Schoß. Nur etwas, für das man seine Komfortzone verlassen hat, dass man hart erarbeiten musste, oder um das man hart gekämpft hat, ist für uns von hohem Wert. Sich in seinem eigenen Körper gesund und fit zu fühlen, ist eines der wertvollsten Besitztümer in unserem Leben.

Ich habe einen inspirierenden Satz aufgeschnappt, den ich euch hier noch in meinen Worten mitgeben will. So etwas wie ein Lebensmotto oder auch ein Grabstein-spruch.

„Er lebte noch als er starb".

Klingt vielleicht etwas makaber, drückt aber für mich Folgendes aus: Diese Person hatte das große Vergnügen ihr Leben bis zum letzten Tag zu genießen. Sie musste nicht die letzten 10, 20 oder 30 Jahre ihres Lebens inaktiv abwarten, bis der Tag kommt. Sie konnte bis zum Ende am Leben teilnehmen.

Durch Angewohnheiten, die die eigene Gesundheit fördern, kann es jeder schaffen, länger gesund und fit zu bleiben. Ich denke, wir alle wollen so lange wie möglich, gesund und fit und voller Energie bleiben.

Der einzige Zeitpunkt, an dem du etwas dafür tun kannst, ist JETZT!

Fang an!

LITERATUR- UND HILFSMITTELTIPPS

Zur Inspiration dieses Buches habe ich viele Bücher gelesen. Auch habe ich in meinen über 20 Jahren als Gesundheitscoach einige Hilfsmittel kennengelernt und ausprobiert. Alle diese Bücher und viele mehr, sowie Hilfsmittel und weitere Produkte, die ich mit gutem Gewissen weiterempfehlen kann, findet ihr in meinem Empfehlungsshop.

ROBSTR
Empfehlungs-
Shop

DANKSAGUNG

Natürlich will ich mich auch bedanken. Das Bewusstsein, für etwas dankbar sein zu können, macht zufrieden und glücklich.

„Die Glücklichen sind zwar dankbar, aber nur die Dankbaren werden glücklich."

Deshalb ein herzliches Dankeschön an meine gesamte Familie, meine Freunde und meine Mentoren, die mich immer unterstützt haben. Jeder weiß, wer gemeint ist.

Euer Robin

ROBSTR.de